Themenverzeichnis

W0473656

SachenR

C I

1 Begriff und Wesen des Sachenrechts/Einführung
2 Die Verfügung
3 Der Sachbegriff
4 Vertretbarkeit/Verbrauchbarkeit
5 Bestandteile
6 Zubehör
7 Nutzungen
8 Aufwendungen/Verwendungen
9 Begriff und Funktionen des Besitzes
10 Besitzarten
11 Erwerb des Besitzes
12 Verlust des Besitzes
13 Der mittelbare Besitz
14 Der Besitzdiener
15 Der Erbenbesitz
16 Besondere Besitzverhältnisse
17 Besitzwehr/Besitzkehr
18 possessorische Besitzschutzansprüche
19 Ansprüche gem. § 1007
20 Besonderer Besitzschutz
21 Einführung/Überblick zur Übereignung beweglicher Sachen
22 Die dingliche Einigung
23 Die dingliche Einigung
24 Der relevante Zeitpunkt
25 Die Berechtigung des Verfügenden
26 Der Grundtatbestand der Übergabe, 854 I, II
27 Übergabe mit Besitzmittlern
28 Geheißerwerb
29 Brevi manu traditio
30 Übereignung mittels Besitzkonstitut, § 930
31 § 931
32 Vertreter bei der Übereignung
33 Keine Übereignung bei Mitbesitz (BGH NJW 79,714)
34 Einordnung/Allgemeine Voraussetzungen des gutgläubigen Erwerbs

Themenverzeichnis

35 Der gute Glaube
36 Ausschluss des gutgl. Erwerbs, § 935
37 Die einzelnen Gutglaubenstatbestände
38 Rückerwerb vom Nichtberechtigten
39 Gutgläubiger Scheingeheißerwerb (BGH NJW 74,1132)
40 Der „gute Glaube an die Verfügungsbefugnis“
41 Eigentümer ohne Verfügungsbefugnis
42 Gutgläubiger lastenfreier Erwerb
43 Gutgläubiger Erwerb beim Erbschein
44 Der Fräsmaschinenfall (BGH NJW 1968,1382)
45 Der gutgl. Erwerb von Pkw
46 Überblick zum Eigentumserwerb kraft Gesetzes
47 Ersitzung
48 Verbindung
49 Vermischung
50 Verarbeitung
51 Erwerb von Erzeugnissen/Bestandteilen
52 Aneignung
53 Eigentumserwerb durch Fund
54 BGH NJW 1956,788
55 Überblick/Zweck Eigentümer-Besitzer-Verhältnis
56 Der Herausgabeanspruch, § 985
57 Das Recht zum Besitz, § 986
58 Anwendbarkeit des allg. Schuldrechts/Konkurrenzen
59 Sonderprobleme bzgl. des Besitzers
60 Bösgläubigkeit
61 Konkurrenzen
62 Schadensersatz beim redlichen Besitzer
63 Schadensersatz d. unredlichen / deliktischen Besitzers
64 Nutzungsersatz - redl. Besitzer
65 Nutzungsersatz - unredl. Besitzer
66 Verwendungsersatz - redl. Besitzer
67 Verwendungsersatz - unredl. Besitzer

Inhaltsverzeichnis

I. Begriffsbestimmungen 1
II. Der Besitz 9
III. Übereignung beweglicher Sachen 21
IV. Gutgläubiger Erwerb 34
V. Eigentumserwerb kraft Gesetzes 46
VI. Eigentümer-Besitzer-Verhältnis 55
VII. Das Pfandrecht an beweglichen Sachen 68
VIII. Das Anwartschaftsrecht 77
IX. Besonderheiten der Sicherungsübereignung 87
X. Sonstiges 97

Themenverzeichnis

68 Wesen/Bedeutung/Entstehung des Pfandrechts an beweglichen Sachen
69 Das Pfandrecht an Rechten
70 Gutgläubiger Erwerb/Übertragung
71 Unwirksamkeit des Sicherungsvertrages
72 Der Schutz des Pfandrechts
73 Einreden beim Pfandrecht
74 Der Rückgriff
75 Gutgläub. Erwerb gesetzl. Pfandrechte
76 Das Pfändungspfandrecht
77 Begriff und Wesen des AWR
78 Entstehung und Übertragung des AWR
79 Gutgläubiger Erwerb des AWR
80 Schutz gegen Zwischenverfügungen
81 Schutz gegen Herausgabeverlangen
82 Schutz vor nachträglicher Erweiterung
83 Schutz gegenüber Dritten
84 Pfandrecht am AWR
85 Das AWR in der Zwangsvollstreckung
86 BGH NJW 1978,417
87 Wesen und Entstehung des SiEigentum
88 Fall zur Entstehung des SiEigentum
89 Unwirksamkeitsgründe der SiÜ
90 Unwirksamkeit der SiAbrede / Nichtvalutierung
91 Übertragung des SiEigentums
92 RzB bei Weiterübereignung
93 SiÜ versus VermieterpfandR
94 SiEigentum in der EinzelZV und Konkurs
95 Einreden bei der SiÜ
96 Befriedigung durch Dritt-SG
97 § 1006

I. Begriffsbestimmungen

Begriff und Wesen des Sachenrechts/Einführung

Das Sachenrecht ist im Dritten Buch des BGB ab §§ 854 ff. geregelt und unterscheidet sich wesentlich von dem im 2. Buch beschriebenen Schuldrecht. Während das Schuldrecht das relative Verhältnis zwischen zwei Personen (Schuldner und Gläubiger) bestimmt, regelt das Sachenrecht das Verhältnis eines Rechtsinhabers zu einer Sache. Dabei handelt es sich um absolute Rechte. Im Gegensatz zum Schuldrecht wirken dingliche Rechte gegenüber jedermann und nicht nur gegenüber dem jeweiligen Vertragspartner. Aufgrund dieser Unterschiede gibt es im Sachenrecht bestimmte allgemeine Grundsätze, die im Schuldrecht nicht gelten.

Nennen Sie die allgemeinen Grundsätze des Sachenrechts!

1. Das **Absolutheitsprinzip**: dingliche Rechte sind absolute Rechte, daher wirken sie gegenüber jedermann und sind von jedermann zu beachten. Dieses Grundprinzip zieht in seiner Konsequenz weitere Prinzipien nach sich.

2. Der **numerus clausus der dinglichen Rechte**: Wegen der absoluten Wirkung muss der Rechtsverkehr genau wissen, welche *dinglichen Rechte überhaupt existieren*. Daher werden *nur solche* dinglichen Rechte *anerkannt, die im Gesetz vorgesehen und geregelt sind*. Es können also keine neuen, anderen durch schuldrechtliche Vereinbarung geschaffen werden.

3. Publizitäts- oder auch **Offenkundigkeitsgrundsatz**: Nach diesem Grundsatz muss die *Zuordnung* oder *Übertragung* eines dinglichen Rechts *dem Rechtsverkehr erkennbar* sein. Diese *Publizitätswirkung* wird bei den beweglichen Sachen *durch den Besitz* und bei den unbeweglichen Sachen *durch das Grundbuch* bewirkt. Für eine Rechtsänderung, z.B. Übertragung eines Rechts ist daher grds. eine Übertragung bzw. Änderung des Publizitätsmerkmals erforderlich. Das *Gesetz knüpft an den Publizitätsträger* jeweils eine *Vermutung der dinglichen Berechtigung*, vgl. §§ 1006, 891 f. (vgl. SachenR I, Rn. 124 ff.).

4. Bestimmtheitsgrundsatz: Da dingliche Rechte gegenüber jedermann wirken, muss zu jedem Zeitpunkt feststehen, welchem Rechtsträger ein dingliches Recht zusteht. Für die Übertragung eines dinglichen Rechts bedeutet das, dass *genau festgelegt sein muss, auf welches dingliche Recht sich die Übertragung bezieht*. Man kann daher sachenrechtlich nicht die Hälfte einer Bibliothek übereignen, sondern nur jedes einzelne Buch als Sache.

5. Trennungs- und Abstraktionsprinzip: Nach dem **Trennungsprinzip** sind schuldrechtliches und dingliches Rechtsgeschäft zu unterscheiden. Wird eine Sache verkauft und gleichzeitig übereignet, so werden zwei Verträge geschlossen: Einerseits der *schuldrechtliche Kaufvertrag, § 433*, andererseits der dingliche Vertrag im Rahmen der *Übereignung der Sache, § 929*. Das **Abstraktionsprinzip** besagt darüber hinaus, dass die *Wirksamkeit des dinglichen Geschäfts nicht* von der *Wirksamkeit des zugrundeliegenden Verpflichtungsgeschäfts* (z.B. des Kaufvertrags) *abhängt*. Ist der Kaufvertrag nichtig, so führt dies also nicht automatisch zur Nichtigkeit der dinglichen Einigung.

hemmer-Methode: Diese allgemeinen Grundsätze müssen unbedingt bekannt und verinnerlicht sein. Denn in vielen Klausuren bieten sie sich als wichtiges Argumentationsmaterial an. Und nur wer gut argumentiert, schreibt die gute Klausur!

I. Begriffsbestimmungen

Die Verfügung

Während das Schuldrecht vornehmlich Verpflichtungen begründet, also die Frage regelt, wozu ein Rechtsträger verpflichtet ist, bestimmt das Sachenrecht oft, auf welchem Weg derartige Verpflichtungen erfüllt werden. Die Frage der Erfüllung selbst und deren Wirkung ist allerdings im Schuldrecht geregelt, § 362. Verkauft jemand eine Sache, so regelt § 433 die Pflichten der Parteien, und das Sachenrecht gibt dem Verkäufer die Möglichkeit an die Hand, dem Käufer das Eigentum an der Kaufsache zu verschaffen, § 929.

Welche Einwirkungen auf ein Recht stellen eine Verfügung dar?
Gibt es auch Verfügungen, die im Schuldrecht geregelt sind? Welche?

Eine Verfügung liegt immer dann vor, wenn ein Recht durch Rechtsgeschäft übertragen, belastet, inhaltlich verändert oder aufgehoben wird:

- Eine **Übertragung** liegt vor, wenn ein Recht von einem Rechtsträger auf einen anderen übergeht. *Z.B. die Übereignung*, bei der das Eigentum an einer Sache von einer Person auf eine andere übertragen wird; oder die Abtretung gem. § 398 BGB, durch welche die Inhaberschaft an einer Forderung übertragen wird.

- Eine **Belastung** liegt vor, wenn ein dingliches Recht zugunsten eines anderen eingeschränkt wird. So liegt *z.B. in der Bestellung einer Grundschuld* gem. § 1191 eine Belastung des Eigentums, da einem Dritten das Recht eingeräumt wird, sich durch Vollstreckung in das Grundstück zu befriedigen. Im Hinblick auf die Grundschuld selbst, liegt allerdings keine Verfügung vor. Die Bestellung eines Rechts ist keine Verfügung über dieses Recht.

- Eine **Inhaltsänderung** liegt vor, wenn der Inhalt eines dinglichen Rechts verändert wird. Dieses ist *nur beschränkt zulässig,* da grds. das Gesetz vorschreibt, welchen Inhalt ein dingliches Recht hat (*Typenzwang*). Möglich ist dies jedoch *beispielsweise beim Nießbrauch*, § 1030. Steht einer Person ein Nießbrauch an einer Sache zu, die ihn dazu befugt, sämtliche Nutzungen aus einer Sache zu ziehen, so stellt es eine Inhaltsänderung dieses dinglichen Nutzungsrechts dar, wenn später vereinbart wird, dass der Nießbrauchsberechtigte nur bestimmte, eingeschränkte Nutzungen ziehen darf.

- Eine **Aufhebung** eines dinglichen Rechts bringt das Recht zum Erlöschen und stellt damit auch eine Verfügung dar, vgl. z.B. §§ 875 f. Eine Aufhebung kann auch durch Aufhebungsvertrag oder Kündigung erfolgen.

hemmer-Methode: Unterscheiden Sie immer Verpflichtung und Verfügung. Ansonsten wird als Folgefehler leicht gegen das Abstraktionsprinzip verstoßen. Und das kann „das Ende“ einer Klausur bedeuten. Allen Verfügungen, z.B. auch der Abtretung nach § 398, liegt damit als causa ein Verpflichtungsgeschäft zugrunde. Fehlt diese (wirksame) schuldrechtliche causa, kommt es zur Rückabwicklung über die §§ 812 ff. BGB.

I. Begriffsbestimmungen

Der Sachbegriff

Was eine Sache ist, hat der Gesetzgeber in §§ 90 ff. definiert. Danach ist eine Sache ein körperlicher Gegenstand. Allerdings ist Vorsicht geboten. Denn außerhalb des Sachenrechts wird der Begriff Sache nicht immer einheitlich verwendet. So wird z.B. in § 119 II der Begriff Sache ganz weit verstanden, erfasst also auch unkörperliche Gegenstände, da es hier wesentlich auf die Verkehrsfähigkeit ankommt.

1. **Wie werden Sachen unterschieden?**
2. **Nennen Sie eine genauere Definition des Sachbegriffs!**
3. **Nennen Sie einige Problemfälle, in denen das Vorliegen einer Sache nicht eindeutig ist!**

1. Sachen werden **unterteilt** in:

- **bewegliche** und **unbewegliche** Sachen (vgl. SachenR I, Rn. 87 ff.)
- **vertretbare** und **nicht vertretbare** Sachen, § 91
- **verbrauchbare** und **nicht verbrauchbare** Sachen, § 92
- **teilbare** und **nicht teilbare** Sachen, vgl. § 752
- **Einzelsachen** (Sachen, die sich als natürliche Einheit darstellen: z.B. *ein Stein*) und **zusammengesetzte Sachen** (solche, bei denen eine Sache aus vielen Einzelsachen so zusammengesetzt wurde, dass die Einzelsachen ihre *rechtliche Selbständigkeit völlig verloren* haben und rechtlich nur eine Sache vorliegt)

2. Definition: Sachen sind all das, was **Objekt von Rechten** sein kann **und im Raum** entweder als solches oder durch äußere Abtrennung **abgrenzbar** ist. *Tiere werden gem. § 90a S. 3 meist wie Sachen behandelt.*

3. Problematisch sind vor allem die folgenden Fälle (SachenR I, Rn. 77 ff.):

- **Luft und Wasser** sind als solche nicht im Raum abgegrenzt und daher **keine** Sachen. Werden Gase oder Wasser jedoch *in Behältnisse gefüllt*, so werden sie zu *Sachen*.
- **Licht und elektrische Energie** sind **keine** Sachen, wohl **aber Software**. (Computerprogramme sind keine Sachen, wohl aber ihre *Verkörperung auf einem Datenträger* (Diskette). Wird ein Computerprogramm durch Überspielen auf die Festplatte übertragen (und nicht durch Übergabe einer Diskette), so liegt also strenggenommen kein Sachkauf vor. Doch finden nach der Rspr. die Vorschriften über den Sachkauf (insb. §§ 434 ff.) entspr. Anwendung.
- Ein **Gewerbebetrieb** ist **keine** Sache, auch keine zusammengesetzte Sache, sondern eine Vermögensgesamtheit aus Sachen, Rechten und immateriellen Gütern (Beziehungen, Kundenstamm).
- **Natürliche und fest** mit dem Körper **verbundene künstliche menschliche Körperteile** sind **keine** Sachen, erlangen diese Qualität **aber mit der Trennung** (vgl. SachenR I, Rn. 80 f.).
- Sehr **umstritten** ist die Sacheigenschaft der **Leiche**; die h.M. geht von einer nicht eigentumsfähigen Sache aus.

hemmer-Methode: Unterscheiden Sie den Sachbegriff streng vom Begriff des Gegenstandes. Dieser ist im Gesetz nicht legaldefiniert und wird daher vom Gesetzgeber nicht einheitlich gebraucht. Allgemein kann man sagen, dass Gegenstand all das ist, was Objekt von Rechten sein kann, also auch Immaterialgüterrechte. Bedenken Sie ferner, dass der Sachbegriff i.S.d. § 119 II BGB auch einem weiten Verständnis unterliegt. Vorrangig kommt es auf die Verkehrsfähigkeit an, die auch bei Rechten (z.B. Grundschuld) gegeben sein kann, so dass § 119 II BGB auch dafür gilt.

I. Begriffsbestimmungen

Vertretbarkeit/Verbrauchbarkeit

Das Gesetz unterscheidet in §§ 91, 92 vertretbare und nicht vertretbare Sachen und verbrauchbare und nicht verbrauchbare Sachen.

1. **Wann ist eine Sache vertretbar und wann nicht?**
2. **Wann ist eine Sache verbrauchbar und wann nicht?**
   Nennen Sie zu 1. und 2. jeweils Beispiele.
3. **Welche Bedeutung haben der Sachbegriff im Allgemeinen und die Unterscheidung in vertretbare/verbrauchbare Sachen, und solche, die es nicht sind?**

1. Vertretbar ist eine Sache, **wenn sie nach Zahl, Maß oder Gewicht bestimmt** wird. Umgekehrt ist sie dann **nicht vertretbar, wenn** die Sache sich **von anderen vergleichbaren Sachen** durch bestimmte ausgeprägte Individualisierungsmerkmale **unterscheidet und damit nicht austauschbar** ist. Entscheidend ist dabei die Verkehrsanschauung.

Bsp.: **vertretbar** sind Aktien, Serienmöbel, neue Pkw, gewöhnliche Maschinen; **nicht** dagegen Maßanzüge, gebrauchte Pkw, speziell zugeschnittene Produktionsmaschinen.

2. Verbrauchbar ist eine Sache, **wenn ihr bestimmungsgemäßer Gebrauch im Verbrauch oder der Veräußerung besteht**. **Entscheidend ist** die objektive, nach der Verkehrsanschauung bestimmte **Zweckbestimmung**. Dass die Sache durch den *bloßen Gebrauch abgenutzt wird, reicht hingegen nicht.*

Bsp.: **verbrauchbar** sind Nahrungsmittel, Geld, Brennkohle; **nicht** hingegen Kleidung.

3. Der **Sachbegriff im Allgemeinen** ist insofern **von Bedeutung**, als **nur an Sachen Eigentum möglich** ist und daher nur diese übereignet werden können. Ferner hat die Sacheigenschaft **im Deliktsrecht** große Bedeutung. **Eigentumsverletzungen** fallen unter **§ 823 I**, setzen also eine eigentumsfähige Sache voraus. Dies ist bei Vermögensgesamtheiten wie dem *Gewerbebetrieb nicht der Fall*, so dass es hier zu dem *Problem des sonstigen Rechts kommt* (vgl. DeliktsR I, Rn. 54 ff.).

Auf die **Vertretbarkeit** kommt es vor allem i.R.d. **§ 651 S. 3**, beim **Sachdarlehen, § 607**, und bei der unechten **Verwahrung, § 700**, an. *Ferner* kann bei vertretbaren Sachen *im Rahmen der Naturalrestitution, § 249 I, eine neue Sache geliefert werden. Auch die Beschaffung einer derartigen Sache kann einen Fall der Wiederherstellung des ursprünglichen Zustands darstellen.*

Auch bei der Frage nach der Nachlieferbarkeit bei der Stückschuld stellt die h.M. auf die Vertretbarkeit ab, BGH, Life&Law 2006, 725 ff.

Die **Verbrauchbarkeit** erlangt im Rahmen von **Nutzungsrechten** Bedeutung, vgl. §§ 1067, 1075, 1085.

hemmer-Methode: Lernen Sie nicht alle Details auswendig, sondern versuchen Sie, Judiz zu entwickeln, also ein Gespür dafür, wie welcher Fall zu behandeln ist und wo die Probleme liegen. Im Sachenrecht muss man im Begrifflichen sicher sein; deswegen ist ein Überblick über die wichtigsten Begriffe von Nutzen.

I. Begriffsbestimmungen

Bestandteile

Das Gesetz behandelt in den §§ 93 ff. die Bestandteile einer Sache. Es unterscheidet dabei zwischen wesentlichen und unwesentlichen Bestandteilen. Bestandteile kommen vor allem bei zusammengesetzten Sachen vor, die aus vormals einzelnen selbständigen Sachen zusammengefügt wurden und so u.U. ihre rechtliche Selbständigkeit eingebüßt haben.

1. **Wie unterscheiden sich wesentliche und unwesentliche Bestandteile?**
2. **Nennen Sie Beispiele zur Verdeutlichung der Unterscheidung.**
3. **In welchem Zusammenhang erlangt diese Unterscheidung Bedeutung?**

1. Wesentliche Bestandteile einer zusammengesetzten Sache liegen immer dann vor, **wenn sie nicht von der Hauptsache getrennt werden können, ohne dass der eine oder andere Teil zerstört** (*Zerstörungstatbestand*) **oder in seinem Wesen verändert** (*Wesensveränderungstatbestand*) **wird, § 93** (vgl. SachenR I, Rn. 91 f.). Beurteilungskriterien hierfür sind Art und Dauer der Verbindung, Grad der Anpassung und der wirtschaftliche Zusammenhang. Eine **Wesensveränderung** liegt vor, wenn eine wesentliche Minderung oder Aufhebung der wirtschaftlichen Bedeutung und Eignung mit der Trennung eintritt. Dabei ist nicht auf die zusammengesetzte Sache, sondern wegen des eindeutigen Wortlauts auf die einzelnen Bestandteile selbst abzustellen; denn ansonsten wären alle Bestandteile wesentlich. *Grund für diese Regelung ist, dass wirtschaftliche Werte nicht durch Trennung nutzlos zerstört werden sollen.*
Für **Grundstücke** enthalten **§§ 94 ff. spezielle Sonderregelungen**. Danach ist bereits all das wesentlicher Bestandteil, was fest mit dem Grund und Boden verbunden ist, § 94 I, oder zur Herstellung eines Gebäudes eingefügt wurde, § 94 II, sofern es nicht zu einem nur vorübergehenden Zweck verbunden oder eingefügt wird, § 95 (Scheinbestandteile; davon kann auch bei Verbleib auf Lebensdauer auszugehen sein vgl. BGH, Life&Law 2017, 521 ff. für die Errichtung einer Windkraftanlage). Gem. § 94 II BGB (Spezialnorm zu § 94 I BGB) gehört daher auch ein unterirdischer Öltank, der auf einem anderen Grundstück vergraben wurde, zu dem Gebäude, dessen Beheizung er dient, vgl. BGH, Life&Law 2013, 257 ff.

Gem. § 96 gelten subjektiv-dingliche Rechte wie die Grunddienstbarkeit, § 1018, das Vorkaufsrecht, § 1094 II und die Reallast, § 1105 II als Bestandteile.

2. Beispiele für wesentliche Bestandteile sind die **Karosserie eines Pkw**, *nicht* hingegen der *Motor* oder alle anderen austauschbaren Ersatzteile; ein **speziell angepasster Aufzug** ist wesentlich; *Einbaumöbel* sind *grds. unwesentlich*, außer bei Sonderanfertigung; **Heizungsanlagen** sind regelmäßig wesentlicher Bestandteil des Gebäudes, § 94 II, welches wiederum selbst wesentlicher Bestandteil des Grundstücks ist, § 94 I.

3. Die **Unterscheidung** zwischen wesentlichen und unwesentlichen Bestandteilen erlangt vor allem in folgenden Fällen **Bedeutung**:

- Ein **wesentlicher** Bestandteil ist **nie sonderrechtsfähig** (d.h. er kann nie Gegenstand besonderer/eigener Rechte sein), daher kann über ihn auch nicht gesondert von der Hauptsache verfügt werden; er kann also nicht allein belastet oder übertragen werden. Widersprechende dingliche Rechtsgeschäfte sind nichtig.
- **Wird eine Sache wesentlicher Bestandteil einer zusammengesetzten Sache, so erlöschen die an ihr bestehenden Rechte (§§ 946 ff.)**

I. Begriffsbestimmungen

Zubehör

Häufig stehen Sachen auch in unmittelbarer Beziehung zu anderen Sachen, ohne dass diese Bestandteile derselben sind. Diese Beziehung ist meist wirtschaftlicher Natur und wird vom Gesetzgeber respektiert, indem er besondere Regeln für dieses sog. Zubehör geschaffen hat, § 97.

1. **Was ist Zubehör?**
2. **Nennen Sie Beispiele.**
3. **In welchen Regelungen erlangt der Zubehörbegriff Bedeutung?**

1. Zubehör sind **bewegliche Sachen, die keine Bestandteile** einer anderen Sache sind, **sondern dem wirtschaftlichen Zweck der Hauptsache zu dienen bestimmt** sind **und zu dieser in einem entsprechenden räumlichen Verhältnis stehen**, § 97 I S. 1 (vgl. SachenR I, Rn. 102 f.). Die erforderliche **Zweckbestimmung** setzt einen auch konkludent möglichen **Widmungsakt** voraus, der keine Willenserklärung ist, und damit nur eine natürliche Willensfähigkeit erfordert. Maßgebend hierfür ist nach S. 2 die Verkehrsauffassung, aus der sich ein Verhältnis der Über- und Unterordnung ergeben muss. Eine bloß vorübergehende entsprechende Zweckbestimmung reicht nicht aus, § 97 II. *Die Eigentumsverhältnisse sind für die Bestimmung des Zubehörs irrelevant*. § 98 enthält eine spezielle Vorschrift für landwirtschaftliches und gewerbliches Inventar.
Die **Zubehöreigenschaft entfällt**, wenn die **Voraussetzungen des § 97 dauerhaft** und nicht nur vorübergehend **entfallen**. Dies ist beispielsweise dann der Fall, wenn ein Betrieb, dem die Sache diente, dauerhaft eingestellt wird oder der Verwendungszweck der Sache umgewidmet wird oder eine dauernde räumliche Trennung eintritt.

2. Beispiele: Der **Bagger** eines Kiesgewinnungsbetriebes, ein dem Betrieb dienender **Geschäfts-Pkw** sind Zubehör, *nicht* aber die *LKWs eines Transportunternehmens*, da hier die erforderliche räumliche Beziehung fehlt.

3. Der Zubehörbegriff hat **erhebliche Bedeutung**; hier sollen nur die wichtigsten Anwendungsfälle genannt werden (vgl. zu weiteren SachenR I, Rn. 102 f.).

- Gem. **§ 311c BGB** erstreckt sich die Verpflichtung, eine Sache zu veräußern oder zu belasten, **im Zweifel** auch auf das Zubehör der Sache.
- Gem. **§ 926** wird bei der Übereignung eines Grundstücks grds. **automatisch** auch das **Zubehör mitübereignet,** d.h. die Voraussetzungen der §§ 929 ff. BGB müssen nicht zusätzlich vorliegen.
- Gem. **§ 865 II ZPO** kann in Zubehör von unbeweglichen Sachen **nicht nach** den Vorschriften der **§§ 803 ff. ZPO vollstreckt** werden sondern **nur nach dem ZVG, sofern es in den Haftungsverband der Hypothek fällt** (vgl. SachenR I, Rn. 102 f.).
- Gem. **§§ 1120 ff**. erfasst der **Haftungsverband der Hypothek auch das Zubehör** des belasteten Grundstücks, wenn es im Eigentum des Grundstückseigentümers steht.

hemmer-Methode: Wird nach §§ 803 ff. ZPO in Zubehör vollstreckt, welches dem Eigentümer gehört, so kann dieser Zuständigkeitsverstoß mit der Erinnerung gem. § 766 ZPO geltend gemacht werden (str.). Gehört das Zubehör einem Dritten, wäre der Gerichtsvollzieher zwar zuständig, weil es dann nicht von § 865 II ZPO erfasst ist. Der Dritte kann sich dann aber mit der Drittwiderspruchsklage wehren.

I. Begriffsbestimmungen

Nutzungen

Nutzungsersatz ist ein beliebtes Examensproblem, das sich z.B. beim Rücktrittsrecht, § 346 I 2.Alt., im Kaufrecht, § 446 S. 2, im Bereicherungsrecht, § 818 I, im Eigentümer-Besitzer-Verhältnis, § 987, sowie beim Erbschaftsbesitzer, § 2020, einbauen lässt. Was in diesen Fällen unter Nutzungen zu verstehen ist, definiert das Gesetz in den §§ 99 ff.

1. **Welche Arten von Nutzungen unterscheidet das Gesetz?**
2. **Was ist jeweils darunter zu verstehen?**

1. Das Gesetz definiert Nutzungen in § 100 als Früchte eines Rechts oder einer Sache sowie deren Gebrauchsvorteile. Die *Veräußerung oder Zerstörung* einer Sache oder eines Rechts gehören danach *grds. nicht* zu den Nutzungen; der *Verbrauch nur dann, wenn,* wie bei Lebensmitteln, *die bestimmungsgemäße Verwendung im Verbrauch liegt.*

2. Gebrauchsvorteile sind alle Vorteile, die man **aus dem Innehaben und der Ausübung** einer **Sache oder** eines **Rechts** haben kann; beispielsweise das Fahren in einem Pkw, das Bedienen eines Computers, das Wohnen in einem Haus. Wird *Nutzungsersatz* verlangt, so kommt es auf den *objektiven Wert dieser Gebrauchsvorteile* an, der sich in der Regel an dem üblichen Mietzins bemisst. Vermögensrechtlicher Natur brauchen die Vorteile nicht zu sein.

Früchte, § 99: Das Gesetz **unterscheidet** zwischen **unmittelbaren** und **mittelbaren Sach**früchten **und** unmittelbaren und mittelbaren **Rechts**früchten (vgl. SachenR I, Rn. 107 ff.). **Sachfrüchte sind** dabei Erzeugnisse und sonstige bestimmungsgemäß gewonnene Ausbeute einer Sache (z.B. Kies bei einem Abbaugrundstück); **Rechtsfrüchte sind** die Erträge, die bestimmungsgemäß aus dem Recht resultieren (z.B. vom Pächter geerntetes Getreide, die Dividende einer Aktie, bei einer verzinslichen Forderung die Zinsen).

Mittelbar sind solche Früchte, wenn sie aufgrund eines Rechtsverhältnisses gewährt werden, **§ 99 III**. Mittelbare Sachfrüchte sind **z.B. die Pachtzinsen**, mittelbare Rechtsfrüchte sind **z.B. der Untermietzins (vgl. dazu BGH, Life&Law 2010, 80 ff.)**.

hemmer-Methode: Bei der Ernte des Pächters neigt man dazu, diese als Sachfrüchte anzusehen, da die Ernte aus dem Grundstück stammt. Diese Sicht ist jedoch unzutreffend, da der Pächter diese Früchte nur aufgrund seines schuldrechtlichen Vertrages erhält; sie resultieren daher aus seinem Nutzungsrecht, § 581, und sind somit Rechtsfrüchte.

I. Begriffsbestimmungen

Aufwendungen/Verwendungen

Im Gegensatz zu den vorgenannten Begriffen definiert das Gesetz die Begriffe „Aufwendungen“ und „Verwendungen“ nicht. Sie spielen jedoch in Praxis und Examen eine erhebliche Rolle. Aufwendungs- und Verwendungsersatz sind beliebte Probleme, die nicht nur im Sachenrecht relevant sind.

1. **Was sind Aufwendungen?**
2. **Was sind Verwendungen? Wie lassen sie sich untergliedern?**
3. **Wo spielen diese Begriffe eine Rolle?**

1. Aufwendungen sind freiwillige Vermögensopfer. Dieser Begriff dient damit vornehmlich der **Abgrenzung zum Schadensbegriff**. Während dieser **unfreiwillige Vermögensopfer** voraussetzt, sind Aufwendungen gerade durch die **Freiwilligkeit** gekennzeichnet. Allerdings wird dieser Grundsatz teilweise, z.B. bei § 670, durchbrochen.

2. Verwendungen sind Aufwendungen, die einer Sache zugutekommen. Dieser Begriff ist somit **die spezielle Ausprägung** des Aufwendungsbegriffs **für das Sachenrecht**.

Umstritten ist dabei (vgl. SachenR I, Rn. 392 ff.), **ob Verwendungen auch dann vorliegen, wenn die Sache dadurch in ihrem Wesen verändert wird**. Die **Rspr**. nimmt diesen Fall aus dem Verwendungsbegriff heraus (**enger Verwendungsbegriff**), während die **Lit**. auch derartige Aufwendungen als Verwendungen anerkennt (**weiter Verwendungsbegriff**). *Hauptanwendungsfall des Problems ist die Konstellation, in der jemand auf einem fremden Grundstück ein Gebäude errichtet hat und hierfür Verwendungsersatz nach den Vorschriften über das Eigentümer-Besitzer-Verhältnis, §§ 994 ff., verlangt*. Die Rspr. lehnt dies ab, da durch die Bebauung eine Wesensveränderung des Grundstücks eingetreten sei.

Es sind **notwendige** und **nützliche** Verwendungen sowie **Luxusverwendungen** zu **unterscheiden**:

- **Notwendig** sind solche, die **objektiv erforderlich** sind, um die Sache in ihrem **wirtschaftlichen Bestand zu erhalten**, sowie die **gewöhnlichen Erhaltungskosten**.
- **Nützlich** sind solche, die, ohne notwendig zu sein, den **Wert der Sache objektiv erhöhen** oder ihre Gebrauchsfähigkeit steigern. *Teilweise* wird hierfür *auch ein subjektiver Maßstab* (Brauchbarkeit) angelegt.
- **Luxusverwendungen** sind solche, die den **Wert nicht steigern** und für den **Eigentümer nicht von Nutzen** sind.

3. Bedeutung erlangt der **Aufwendungsbegriff** vor allem im **Auftragsrecht, §§ 662 ff**., bei der **Geschäftsführung ohne Auftrag, i.R.d. § 284 BGB** sowie im **Arbeitsrecht** und beim **Geschäftsbesorgungsvertrag**.

Der **Verwendungsbegriff** wird wie oben dargestellt vor allem im Eigentümer-Besitzer-Verhältnis **im Rahmen von §§ 994 ff. bedeutsam**.

hemmer-Methode: Nach Ansicht des BGH gehört zum Verwendungsersatz auch der Wert der eigenen Arbeitsleistung, sofern diese einen irgendwie bestimmbaren Marktwert hat (BGHZ 131, 220).

II. Der Besitz

Begriff und Funktionen des Besitzes

Der Besitz ist einer der zentralen Begriffe des Sachenrechts, der in vielfältiger Hinsicht von Bedeutung ist. Das gilt sowohl für die Übereignung, bei der der Besitz i.R.d. Übergabe relevant wird, als auch beim gesetzlichen Eigentumserwerb durch Ersitzung; ferner ist er Grundlage einer Vielzahl von Ansprüchen (z.B. §§ 861 ff., 1007, 823, 812) und Rechten (§ 859). Angesichts dessen ist es wichtig, sein Wesen und seine Funktionen genau zu kennen.

1. **Definieren und erläutern Sie den Begriff Besitz.**
2. **Schildern Sie seine Funktionen.**

1. Der Besitz ist die von der Verkehrsauffassung anerkannte, von einem allgemeinen Besitzwillen getragene, tatsächliche Sachherrschaft einer Person über eine Sache. Dabei handelt es sich im Gegensatz zum Eigentum um ein **rein tatsächliches**, kein rechtliches **Verhältnis**. Die **Sachherrschaft** muss nicht immer **unmittelbar**, sondern kann auch **durch** einen **Besitzdiener**, der nicht selbst Besitzer ist, oder einen **Besitzmittler** (sog. vergeistigte Sachherrschaft) ausgeübt werden.

Der Besitz ist *vom Gewahrsam zu unterscheiden*, den das Gesetz z.B. in §§ 808 f. ZPO und § 242 StGB verwendet. *Gewahrsam meint immer die unmittelbare Sachherrschaft*, so dass der Besitzdiener Gewahrsam, nicht aber Besitz hat, und der mittelbare Besitzer Besitz, nicht aber Gewahrsam hat (vgl. SachenR I, Rn. 114).

2. Die **Funktionen des Besitzes** (vgl. ausführlich SachenR I, Rn. 115 ff.) bestehen in:

- der **Schutz- und Erhaltungsfunktion**: Der **Inhaber** des Besitzes soll aus Gründen des Rechtsfriedens und der Rechtssicherheit **diesen behalten** und **gegen Entzug geschützt** werden. Dies kommt in den §§ 268 I S. 2, 858 ff., 937, 986 II, 1007, 823 I, 812; 47 InsO; 771 ZPO zum Ausdruck.

- der **Publizitätsfunktion**: Der im Sachenrecht geltende Publizitätsgrundsatz ist **bei beweglichen Sachen an den Besitz geknüpft**, so dass **grds. für eine Verfügung eine Besitzänderung (Übergabe) erforderlich** ist. Das Gesetz knüpft an die Innehabung des Besitzes ferner die Vermutung der materiellen Berechtigung, also Eigentümerstellung, § 1006, *und lässt die Besitzverschaffungsmacht daher als Grundlage für den gutgläubigen Erwerb ausreichen, §§ 932 ff.* Insofern erfüllt der Besitz die Funktion, die *bei unbeweglichen* Sachen das *Grundbuch* erfüllt.

hemmer-Methode: Wie Sie sehen, ist der Besitz ein komplexer und vielgestaltiger Begriff. Er eignet sich daher gut für eine Themenklausur.

II. Der Besitz

Besitzarten

Von „dem Besitz“ zu sprechen ist bei genauer Betrachtung eine grobe Vereinfachung. Es gibt nicht „den Besitz“, sondern eine ganze Vielzahl von unterschiedlichen Besitzarten, die es streng auseinander zu halten gilt, da an sie jeweils unterschiedliche Rechtsfolgen geknüpft sind.

1. **Welche unterschiedlichen Arten des Besitzes kennen Sie?**
2. **Inwiefern unterscheiden sie sich?**

Verschiedene **Arten des Besitzes** lassen sich **unterscheiden** (vgl. SachenR I, Rn. 129 ff.):

Nach der **Intensität der Sachbeziehung** (vgl. SachenR I, Rn. 130 f.):

- **Unmittelbarer** Besitz, **§§ 854, 855**: Der Besitzer übt die tatsächliche Sachherrschaft unmittelbar selbst oder durch einen Besitzdiener aus.
- **Mittelbarer** Besitz, **§ 868**: Der Besitzer übt die tatsächliche Sachherrschaft nicht selbst unmittelbar aus, sondern lässt diese durch einen unabhängigen Besitzmittler ausüben.

Nach dem **Umfang der Sachherrschaft** (vgl. SachenR I, Rn. 133 f.):

- **Alleinbesitz**: Der Alleinbesitzer teilt sich den Besitz mit niemandem, sondern übt ihn allein aus.
- **Mitbesitz, § 866**: Mehrere üben den Besitz über eine einheitliche Sache gemeinsam aus; entweder jeder selbständig für sich (einfacher Mitbesitz) oder notwendig gemeinsam (qualifizierter Mitbesitz).
- **Teilbesitz, § 865**: Der Besitz bezieht sich nur auf einen Teil einer einheitlichen Sache, z.B. der Mieter hinsichtlich einer Wohnung in einem Haus.

Nach der **Willensrichtung des Besitzers** (vgl. SachenR I, Rn. 136 f.):

- **Eigenbesitz, § 872**: Der Besitzer besitzt als Eigentümer; ob dies zutrifft, ist irrelevant.
- **Fremdbesitz**: Der Besitzer besitzt in Anerkennung fremden Eigentums. Vgl. §§ 937, 955, 991.

Nach der **Berechtigung** des Besitzers (vgl. SachenR I, Rn. 139 f .):

- **Berechtigter/unberechtigter** Besitz: Diese Unterscheidung hängt davon ab, ob ein *Recht zum Besitz i.S.d. § 986* besteht. Die Willensrichtung ist irrelevant.

Nach der **Art der Besitzerlangung** (vgl. SachenR I, Rn. 140 f.):

- **Fehlerhafter/nicht fehlerhafter** Besitz: Fehlerhaft ist der Besitz, der *durch verbotene Eigenmacht (§ 858) erlangt* wurde.

hemmer-Methode: Merken Sie sich: Der Besitzdiener ist kein Besitzer, § 855. Er übt lediglich den Besitz für seinen Besitzherrn aus.

II. Der Besitz

Erwerb des Besitzes

Der unmittelbare Besitz kann auf unterschiedliche Art und Weise erlangt werden. Dabei ist zwischen originärem und abgeleitetem (derivativem) Erwerb zu unterschieden. Originär ist der Erwerb bei einseitiger Besitzergreifung, sei es einer besitzlosen Sache, sei es einer Sache, die im fremden Besitz steht (§ 242 StGB, § 858). Derivativ ist der Erwerb bei einem Zusammenwirken mit dem bisherigen Besitzer.

Schildern Sie die Möglichkeiten der Erlangung des unmittelbaren Besitzes.

Das Gesetz hat diese Frage **vor allem in § 854 geregelt**.

1. Nach **§ 854 I** wird der **Besitz durch die** (*originäre wie auch derivative*) **Erlangung der tatsächlichen Gewalt über die Sache erworben. Tatsächliche Gewalt heißt dabei eine von der Verkehrsanschauung getragene Möglichkeit, auf die Sache einzuwirken**, was regelmäßig eine gewisse räumliche Beziehung und Dauer voraussetzt. Die tatsächliche Gewalt wird z.B. auch erlangt, wenn sämtliche Schlüssel eines Pkw, der draußen auf einem Parkplatz in der Nähe steht, übergeben werden.

Über den Wortlaut des § 854 hinaus ist **zusätzlich ein Besitzbegründungswille erforderlich**. Dieser *ist kein rechtsgeschäftlicher Wille*, so dass *keine Geschäftsfähigkeit, sondern nur natürliche Willensfähigkeit notwendig* ist. Dieser Wille muss sich nicht auf konkrete Sachen beziehen, sondern *kann auch in einem allgemeinen Besitzwillen bestehen*; z.B. an allem, was in den Briefkasten am Haus geworfen wird. Dies ist vor allem bei heimlichem Zustecken einer Sache nicht gegeben.

2. Nach **§ 854 II**, der nur für den derivativen Erwerb gilt, **reicht bei Besitz des Übertragenden die bloße Einigung (Vertrag) mit dem Besitzerwerber, wenn der Erwerber die Möglichkeit hat, die Gewalt über die Sache auszuüben** (vgl. SachenR I, Rn. 149 f.). Letzteres ist nur dann der Fall, wenn der Erwerber ohne weitere Gestattungshandlung des Übertragenden auf die Sache zugreifen kann. *Bei dieser Form der Besitzübertragung ist die Einschaltung von Vertretern problemlos möglich*. Beispiel für § 854 II: A und B einigen sich in der Kneipe, dass der Besitz an dem im Fluss liegenden Kahn des A dem B zustehen soll.

3. Der **unmittelbare** Besitz kann aber **auch gem. § 857 als Erbenbesitz** ohne weiteres Zutun erlangt werden, **wenn der Erblasser unmittelbarer Besitzer war**. *Ergreift der Erbe später tatsächlich die Sachherrschaft über die Sache, gilt hierfür § 854 I.*

hemmer-Methode: Auch die Einigung gem. § 854 II ist von dem kausalen Grundgeschäft abstrakt. Es wird mithin grds. nicht von Fehlern, die diesem Geschäft anhaften, berührt. Anderes gilt nur bei Fehleridentität.

II. Der Besitz

Verlust des Besitzes

So wie man den Besitz erlangen kann, kann man ihn auch wieder beenden. Dies ist in § 856 BGB geregelt. Dabei muss zwischen der Besitzaufgabe und dem Besitzverlust unterschieden werden. Das eine geschieht freiwillig, das andere unfreiwillig. § 856 BGB gilt dabei nur für den unmittelbaren, nicht aber für den mittelbaren Besitz gem. § 868 BGB. Dabei ist der Besitz davon unabhängig, ob das Besitzrecht erlischt. Der Mieter bleibt mithin Besitzer, auch wenn der Mietvertrag angefochten wurde; er wird lediglich unberechtigter Besitzer.

Was sind die Voraussetzungen der Besitzbeendigung bei unmittelbarem und mittelbarem Besitz?

1. Der **unmittelbare** Besitzer **gibt** seinen **Besitz auf** (§ 856 I **Alt. 1**), **wenn er eine objektiv nach außen hin erkennbare Handlung vornimmt, die auf seinen Besitzaufgabewillen schließen lässt, und gleichzeitig einen Besitzaufgabewillen hat**. Dabei handelt es sich nicht um ein Rechtsgeschäft, sondern um einen **Realakt**, so dass *Geschäftsfähigkeit nicht erforderlich ist, sondern nur ein natürlicher Wille* (vgl. SachenR I, Rn. 154 ff.).

Der Besitzverlust **in sonstiger Weise** (§ 856 I **Alt. 2**) erfordert den **unfreiwilligen Verlust der tatsächlichen Herrschaftsgewalt**, also Verlieren oder Diebstahl. Ist die *Gewalt jedoch nur gelockert*, wie bei einem Verlieren in eigenen Räumen, *führt dies nicht zu einer Besitzbeendigung*. Auf einen bestimmten Willen kommt es dabei nicht an. Von einem Verlust kann nur dann ausgegangen werden, wenn eine Wiedererlangung der Sache ausgeschlossen oder zumindest deutlich erschwert ist. Das ist nicht der Fall, wenn der Besitzer jederzeit rekonstruieren kann, wo sich die Sache befindet und zumindest die Möglichkeit besteht, sie wieder an sich zu bringen, vgl. BGH, Life&Law 2007, 370 ff.

Die Beendigung der tatsächlichen Gewalt darf nicht nur vorübergehend sein, § 856 II. Dies ist z.B. der Fall, wenn eine Sache an einem Ort liegen gelassen wird, dieser Ort bekannt ist und eine Wiedererlangung möglich ist oder wenn der Besitzer eines abgeschlossenen PKW für drei Monate eine Weltreise macht.

2. Der **mittelbare Besitz endet, wenn eine seiner Voraussetzungen entfällt** (vgl. SachenR I, Rn. 172). Das ist der Fall, **wenn das Besitzmittlungsverhältnis und der Herausgabeanspruch erlöschen**. Solange der Herausgabeanspruch bestehen bleibt, behält der mittelbare Besitzer seinen Besitz. Er entfällt auch, **wenn der unmittelbare Besitz des Besitzmittlers beendet wird**. Schließlich endet der mittelbare Besitz, **wenn der Besitzmittler, nach außen erkennbar, nicht mehr für den mittelbaren Besitzer besitzt**, also allein seine Willensrichtung ändert.

hemmer-Methode: Denken Sie im Zusammenhang: Die größte Bedeutung hat die unfreiwillige Besitzbeendigung i.R.d. § 935. Gutgläubiger Erwerb vom Nichtberechtigten ist ausgeschlossen, wenn der Berechtigte seinen Besitz unfreiwillig verloren hat. Dies gilt nach umstrittener Auffassung auch bei einem Besitzaufgabewillen aufgrund Drohung oder Täuschung (vgl. SachenR I, Rn. 159), zumindest wenn die Drohung unwiderstehlichem Zwang gleichkommt. Nach § 935 I S. 2 ist hinsichtlich des Abhandenkommens bei mittelbarem Besitz auf den unmittelbaren Besitzer abzustellen. Das Abhandenkommen hat zudem im Rahmen von § 1007 II BGB Bedeutung.

II. Der Besitz

Der mittelbare Besitz

Beim mittelbaren Besitz, § 868, übt der mittelbare (mb.) Besitzer die Sachherrschaft nicht selbst unmittelbar aus, sondern lässt sie durch einen Besitzmittler, der regelmäßig selbst den unmittelbaren Besitz hat, ausüben. Der Besitzmittler muss aber nicht unmittelbaren Besitz haben. Es reicht auch mb. Besitz. Dann entsteht ein mehrstufiger mb. Besitz, § 871.

Spricht das Gesetz von Besitz, so meint es i.d.R. sowohl den unmb. als auch den mb. Besitz, denn auch mb. Besitz ist vollwertiger Besitz. Allerdings gibt es Ausnahmen (vgl. SachenR I, Rn. 162).

Unter welchen Voraussetzungen entsteht mb. Besitz?

Wie wird mb. Besitz übertragen?

1. Mittelbarer Besitz **setzt für seine Entstehung voraus** (vgl. SachenR I, Rn. 163 ff.):

- **Unmittelbaren Fremdbesitz eines Besitzmittlers**: Es reicht allerdings, wenn am Ende eines mehrstufigen mittelbaren Besitzes ein unmittelbarer Fremdbesitzer steht.

- **Besitzmittlungsverhältnis/Besitzkonstitut**: Dieses muss *entweder eines der in § 868 genannten Rechtsverhältnisse oder diesen zumindest ähnlich* sein. Letzteres ist dann der Fall, wenn es hinreichend konkrete Rechte und Pflichten begründet, nur auf Zeit gilt und den anderen zum Besitz berechtigt oder verpflichtet. *Beispiele sind die Sicherungsabrede bei der Sicherungsübereignung* oder das gesetzliche Verhältnis zwischen Eltern und Kind. Auch ein antizipiertes, also vor Besitzerlangung vereinbartes Besitzkonstitut reicht. Es kann *sogar ein unwirksames, vermeintliches Besitzkonstitut genügen*, sofern alle anderen Voraussetzungen gegeben sind.

- **Besitzmittlungswillen**: Der Besitzmittler muss Fremdbesitzer sein, also den mb. Besitzer als Oberbesitzer, nicht notwendig als Eigentümer, anerkennen.

- **Herausgabeanspruch**: Grds. ist dies der Herausgabeanspruch aus dem Besitzmittlungsverhältnis, z.B. § 546. Im Fall des vermeintlichen Besitzkonstituts genügt jedoch auch ein Anspruch aus §§ 812, 985 oder §§ 823 I i.V.m. § 249 I.

2. Der mb. Besitz entsteht originär durch Herbeiführung seiner Voraussetzungen; also z.B. wenn der Vermieter dem Mieter die Sache übergibt und einen Mietvertrag abschließt. Derivativer Erwerb erfolgt **durch Übertragung des mb. Besitzes. Nach § 870 wird hierzu der dem mb. Besitz zugrundeliegende Herausgabeanspruch an den Erwerber gem. § 398 abgetreten**. Dabei wird aber *nicht der Anspruch aus § 985 abgetreten, denn dieser ist nicht abtretbar*. Ist das Rechtsverhältnis (s.o.) nicht wirksam, so genügt auch die Abtretung des bereicherungsrechtlichen o.ä. Anspruchs (s.o.).

Die Übertragung des mb. Besitz gem. § 870 ist vor allem für §§ 931, 934 von Bedeutung.

hemmer-Methode: Beachte: Mittelbarer Besitz kann auch in der Form des mittelbaren Mitbesitzes oder mittelbaren Teilbesitzes bestehen. Ebenso kann es sich um berechtigten oder nicht berechtigten und fehlerhaften oder nicht fehlerhaften Besitz handeln.

II. Der Besitz

Der Besitzdiener

Der Besitzdiener gem. § 855 ist nicht selbst Besitzer, sondern besitzt für einen anderen, den Besitzherren, der selbst unmittelbarer Besitzer ist. Diese Rechtsfigur ist häufig klausurrelevant und kann insbesondere bei dem Übereignungstatbestand der Übergabe eine Rolle spielen. So muss die Sache nicht dem Besitzherren übergeben werden, sondern es reicht, wenn der Besitz dem Besitzdiener übergeben wird, da so der Besitzherr automatisch Besitz erlangt.

1. **Unter welchen Voraussetzungen kann Besitzdienerschaft bejaht werden?**
2. **Gibt es auch Vorschriften, in denen der Besitzdiener ausnahmsweise wie ein Besitzer behandelt wird?**
3. **Welche Folgen ergeben sich, wenn der Besitzdiener erkennbar einen Willen zum Eigenbesitz begründet und nicht mehr für den Oberbesitzer die Gewalt ausübt?**

1. Besitzdienerschaft **setzt voraus** (vgl. allg. zur Bedeutung: SachenR I, Rn. 114, 173ff, 212; SachenR II, Rn. 34; 83):

- Ein **soziales Abhängigkeitsverhältnis**: Das erfordert typischerweise **Weisungsgebundenheit**, so dass der Besitzdiener als „**Werkzeug" des Besitzherrn** erscheint. Bloße wirtschaftliche Abhängigkeit reicht dagegen nicht. Regelmäßig ergibt sich diese Weisungsgebundenheit aus einem Rechtsverhältnis. Dessen Unwirksamkeit lässt die Besitzdienerschaft jedoch aus Gründen der Rechtssicherheit unberührt, sofern eine tatsächliche Unterordnung dennoch erfolgt.

- Diese **Situation** muss **nach außen erkennbar** sein.

- Der Besitzdiener muss **im Rahmen dieses Abhängigkeitsverhältnisses tätig** geworden sein.

Beispiele: Mitarbeiter eines Betriebes, Waschfrau, Hausgehilfin, Kinder (auch vollj.) im Geschäft des Vaters; nicht aber der Besitzmittler bei § 868, Ehepartner gegenseitig bzgl. Sachen des anderen, Vorstand einer jur. Person.

2. Ja, ausnahmsweise im Fall § 860, so dass der Besitzdiener auch **Besitzwehr und -kehr** vornehmen kann, ohne selbst Besitzer zu sein. Dies kann er jedoch nie gegen den Oberbesitzer selbst.

3. Schwingt der Besitzdiener sich erkennbar zum selbständigen Besitzer auf, so liegt darin für den Besitzherrn ein Abhandenkommen i.S.d. § 935 (etwas anderes gilt wegen § 935 I S. 2 beim Besitzmittler, der selbst unmittelbarer Besitzer ist). Ein **gutgläubiger Erwerb ist dann nicht möglich**. Ferner liegt nach dem BGH in dieser **Umwandlung ein Besitzerwerb i.S.d. § 990 I S. 1**, so dass der vormalige Besitzdiener **bereits bei grober Fahrlässigkeit** (und nicht bei positiver Kenntnis gem. § 990 I S. 2) **bösgläubig ist** (vgl. Sachenrecht I, Rn. 330).

hemmer-Methode: Für eine Übergabe i.S.d. § 929 S. 1 ist es erforderlich, dass der Veräußerer jeglichen Besitz aufgibt. Bleibt bei einer solchen Übereignung ein Besitzdiener des Veräußerers weiterhin in der Lage, die Gewalt über die Sache auszuüben, so scheitert in der Regel die Übereignung an der fehlenden Übergabe (Ausnahme: wenn der Besitzdiener angewiesen wird, die Sache für den Erwerber zu besitzen). Denn der Veräußerer hat sich nicht jeglichen Besitzes entledigt.

II. Der Besitz

Der Erbenbesitz

Gem. § 857 geht der Besitz des Erblassers auf den oder die Erben über. Diese Regelung war erforderlich, da gem. § 1922 nur Rechte und Pflichten übergehen, der Besitz als tatsächliches Verhältnis daher von dieser Norm nicht erfasst wird. Der Erbe bzw. die Erben rücken dabei genauso in die Besitzposition ein, wie der Erblasser sie hatte; war er Fremdbesitzer, so sind es auch die Erben, war er mittelbarer Besitzer, so gilt das auch für sie. Bei einer Erbengemeinschaft verwandelt der Besitz sich allerdings - ansonsten unverändert - in Mitbesitz der Erben. Die Regelung des § 857 beruht auf einer Fiktion. Ergreifen der/die Erben tatsächlich Besitz, so gilt nicht mehr § 857, sondern es gelten die normalen Vorschriften.

1. **Welche Konsequenzen hat § 857?**
2. **Welche Einschränkungen sind dabei aufgrund der Fiktionswirkung zu machen?**

1. War der **Erblasser unmittelbarer Besitzer**, so können der/**die Erben aufgrund der Fiktion des § 857 gem. §§ 861, 862 geltend machen**. Denn derjenige, der die Sache an sich nimmt, z.B. der Erbschaftsbesitzer gem. § 2018, begeht verbotene Eigenmacht i.S.d. § 858. Auf § 859 kann sich der Erbe jedoch regelmäßig aus rein faktischen Gründen nicht stützen, da er vor tatsächlicher Besitzergreifung gar nichts von verbotener Eigenmacht erfährt.

Ferner liegt bei einer Besitzergreifung durch einen Dritten ein Abhandenkommen i.S.d. § 935 vor, so dass **gutgläubiger Erwerb grds. ausscheidet**. Dies gilt nur *dann nicht, wenn ein Erbschein* vorhanden ist. Denn das Abhandenkommen wird durch die *Gutglaubenswirkung eines Erbscheins gem. § 2366* überwunden: Nach § 2366 darf der Rechtsverkehr den Erbscheinsberechtigten genauso behandeln, wie den tatsächlichen Erben.

2. Die Fiktion des § 857 führt **teilweise zu unbilligen Ergebnissen** und muss daher **nach h.M. eingeschränkt** werden (vgl. SachenR I, Rn. 182 ff.).

Nimmt derjenige, dem die Erbschaft zunächst angefallen ist, § 1942 f., einen Erbschaftsgegenstand in Besitz, ohne damit die Erbschaft anzunehmen, und schlägt er anschließend die Erbschaft gem. §§ 1944 f. aus, so **gilt gem. § 1953 der Anfall der Erbschaft als von Anfang an nicht erfolgt**. Der vormalige, **vorläufige Erbe hätte** damit, da er rückwirkend nicht mehr als Erbe gilt, **gegenüber dem Zweitberufenen verbotene Eigenmacht begangen**, so dass ein **Abhandenkommen i.S.d. § 935 vorläge**. Diese **doppelte Fiktion** wird jedoch als **zu weitreichend** angesehen, da der vorläufige Erbe zunächst ja eigentlich berechtigt war, die Nachlassgegenstände in Besitz zu nehmen. **§ 935 wird** in diesem Fall daher **nicht angewandt**. **Dasselbe gilt bei Anfechtung der Annahme, §§ 1955 - 1957, und bei nachträglicher Erklärung der Erbunwürdigkeit.**

hemmer-Methode: Bei Vor- und Nacherbschaft, §§ 2100 ff., ist zu differenzieren: Der Besitz, den der Vorerbe nie selbst ergriffen hat, den er also nur aufgrund § 857 innehatte, geht mit Eintritt des Nacherbfalls unmittelbar gem. § 857 auf den Nacherben über, da dieser den Erblasser unmittelbar beerbt. Der Besitz, den der Vorerbe bereits tatsächlich ergriffen hatte, geht dagegen nicht auf den Nacherben über, da dieser gerade nur Erbe des Erblassers, nicht des Vorerben ist.

II. Der Besitz

Besondere Besitzverhältnisse

In normalen Fällen hat eine Person nur eine Besitzbeziehung zu einer Sache. Dies muss jedoch nicht immer so sein. In komplexen Beziehungen (z.B. in Familien) ist es auch denkbar, dass eine Person sowohl unmittelbarer als auch mittelbarer Besitzer bzgl. ein und derselben Sache ist.

Ebenso problematisch sind die Besitzverhältnisse in Gesellschaften (vgl. hierzu SachenR I, Rn. 187 ff.).

1. **Schildern Sie die Besitzverhältnisse der Eltern an Sachen des minderjährigen Kindes.**
2. **Schildern Sie die Besitzverhältnisse eines Ehegatten an Sachen des Partners!**
3. **Wie sind die Besitzverhältnisse bei Gesellschaften? Wie ist zu differenzieren?**

1. Die Eltern sind familienrechtlich berechtigt, Sachen des Kindes in Besitz zu nehmen. In einem solchen Fall **sind die Eltern als unmittelbare Fremdbesitzer Besitzmittler für das Kind**, das mittelbarer Besitzer ist. Gleichzeitig ist das Kind Besitzdiener der Eltern. Somit kann ein Kind an seinem eigenen Gegenstand Besitzdiener und mittelbarer Besitzer zugleich sein.

2. Die **Ehegatten haben Alleinbesitz an den eigenen Sachen**, **die** nur ihrem jeweils **persönlichen Gebrauch dienen**. An den **Sachen, die sie gemeinsam benutzen** (Hausrat), **haben beide Ehegatten Mitbesitz** und **der jeweilige Nichteigentümer-Ehegatte vermittelt gleichzeitig dem anderen den Besitz**. Das Besitzmittlungsverhältnis ergibt sich dabei aus der Ehe selbst, § 1353.

3. Bei Gesellschaften ist zwischen den unterschiedlichen Gesellschaftsformen zu unterscheiden (vgl. SachenR I, Rn. 187 f.; ausführlich Herausgabeansprüche, Rn. 92 ff.).

Bei der **Gesellschaft gem. § 705** (GbR) sowie **bei OHG und KG (§§ 105 ff.; 161 ff. HGB) üben die Gesellschafter den Besitz nach h.M. für die Gesellschaft aus,** vgl. Palandt, § 854, Rn. 12.

Juristische Personen, wie die **GmbH und AG**, haben **selbst Besitz**, der lediglich **durch ihre Organe** (Geschäftsführer und Vorstände) **ausgeübt wird, sog. Organbesitz**. Dies hat zur Konsequenz, dass *das unbefugte Weggeben einer Sache durch ein Organ kein Abhandenkommen i.S.d. § 935 begründet*, da dies der Gesellschaft selbst zugerechnet wird. Dennoch soll das Aufschwingen zum Eigenbesitzer durch das Organ verbotene Eigenmacht sein.

hemmer-Methode: Haben Ehegatten Mitbesitz, so kommt eine Übereignung des einen an den anderen gem. § 929 S. 1 grds. nicht in Betracht, da der Veräußernde i.d.R. weiter Mitbesitz behält und somit sich nicht restlos seiner Besitzposition entledigt. Hier kann aber der Weg über §§ 929, 930 gegangen werden, indem die Übergabe durch ein Besitzmittlungsverhältnis zwischen Veräußerer und Erwerber ersetzt werden kann.

Besitzwehr/Besitzkehr

§ 859 ermöglicht dem Besitzer, sich durch Besitzwehr oder Besitzkehr im Besitz der Sache zu erhalten. Die Bedeutung dieser Vorschrift besteht darin, das Selbsthilfe- und Notwehrrecht des Besitzers gegenüber den Vorschriften aus §§ 227, 229 ff. zu erweitern. § 859 verzichtet auf das Erfordernis des § 227, dass obrigkeitliche Hilfe nicht rechtzeitig zu erlangen ist (SachenR I, Rn. 197 f.). Dabei gewährt § 859 keinen Anspruch i.S.d. § 194 I, sondern einen Rechtfertigungsgrund.

1. **Was sind die Voraussetzungen der Besitzwehr/Besitzkehr?**
2. **Welche Besitzer können diese Gewaltrechte geltend machen?**

1. Voraussetzung ist zunächst, dass **verbotene Eigenmacht i.S.d. § 858** begangen wurde (vgl. SachenR I, Rn. 199 ff.), **wodurch der Besitz des Störers fehlerhaft wird, § 858 II.** Das ist dann der Fall, **wenn dem unmittelbaren (!) Besitzer der Besitz ohne, nicht notwendig gegen, seinen Willen entzogen wurde oder er darin gestört wird**. Nach h.M. ist hierfür nur der natürliche Wille maßgeblich, Geschäftsfähigkeit mithin nicht erforderlich. *Keine verbotene Eigenmacht* liegt vor, *wenn die Besitzentziehung oder -störung gerechtfertigt*, also vom Gesetz gestattet ist. Dies ist *nur bei Eingriffsrechten wie §§ 227, 229, 904 und auch bei § 859 der Fall. Bloße Herausgabeansprüche rechtfertigen den Eingriff wegen des grds. Gewaltmonopols des Staates dagegen nicht*. Für Besitzwehr und -kehr gem. § 859 I bzw. II, III darf die Maßnahme ferner das **objektiv gebotene Maß nicht überschreiten**. **Für die Besitzkehr**, also das Zurückholen des Besitzes nach dessen vollständigem Verlust, ist gem. § 859 II **zusätzlich** erforderlich, dass der **Täter auf frischer Tat betroffen** wurde **oder er dem Täter sogleich nachgeeilt** ist. Bei unbeweglichen Sachen ist dies sogar nur sofort nach der Entziehung möglich, § 859 III.

2. Diese Gewaltrechte stehen dem **unmittelbaren Besitzer**, dem **Erbenbesitzer, § 857**, dem **unmittelbaren Teilbesitzer, § 865**, dem **Mitbesitzer** unter den Einschränkungen des § 866 und **gem. § 860 auch dem Besitzdiener** zu. *Letzteres ist systemwidrig, da der Besitzdiener nicht selbst Besitzer ist*. Hierbei ist zu beachten, dass *es bei der verbotenen Eigenmacht nur darauf ankommt, ob sie gegen den Willen des Besitzers erfolgt. Der Wille des Besitzdieners ist irrelevant. Daher darf der Besitzdiener auch nie die Gewaltrechte gegen den Besitzherren ausüben*. Ob auch der **mittelbare Besitzer** sich auf § 859 berufen kann, **ist streitig**. Einerseits erwähnt § 869 den § 859 nicht, so dass dies e contrario gegen eine Anwendbarkeit des § 859 spricht. Andererseits führt die **wohl h.M.** für eine Anwendbarkeit des § 859 an, dass sich **nur so ein lückenloser Besitzschutz** verwirklichen lasse. Ferner sei dies auch nicht systemwidrig, da die verbotene Eigenmacht immer auf den unmittelbaren Besitzer abstelle und der mittelbare Besitzer daher nie Besitzwehr/-kehr gegen den unmittelbaren Besitzer ausüben könne. Analog § 869 S. 2 richtet sich die Besitzwehr/-kehr des mittelbaren Besitzers nur darauf, dem unmittelbaren Besitzer den Besitz zu erhalten.

hemmer-Methode: Die Fehlerhaftigkeit des Besitzes, § 858 II S. 1, wirkt unter den Voraussetzungen des S. 2 auch gegen den Nachfolger im Besitz. Daher steht das Recht aus § 859 gem. § 859 IV dem vormaligen Besitzer auch gegen den Nachfolger desjenigen zu, der die verbotene Eigenmacht begangen hat.

II. Der Besitz

possessorische Besitzschutzansprüche

Neben den Gewaltrechten des § 859 gewährt das BGB einem durch verbotene Eigenmacht gestörten Besitzer weiteren Schutz, indem er ihm durch §§ 861, 862 besondere Besitzschutzansprüche zur Verfügung stellt. Diese Ansprüche werden possessorische Ansprüche genannt, da sie im Gegensatz zu § 985 nicht von einer materiellen Berechtigung abhängen, sondern allein von der Innehabung des Besitzes, vgl. § 863. Sie sind im Prozess daher wesentlich einfacher zu beweisen und durchzusetzen.

1. **Welche Voraussetzungen haben die Besitzschutzansprüche gem. §§ 861, 862?**
2. **Welchen Besitzern stehen diese Ansprüche zu?**

1. Voraussetzung der Ansprüche (vgl. SachenR I, Rn. 218 f.; HerausgabeA., Rn. 86 ff.) gem. §§ 861, 862 ist:

- **Begehung verbotener Eigenmacht durch den Anspruchsgegner oder durch dessen Rechtsvorgänger, § 858 II S. 2.**
- **Vormaliger Besitz des Anspruchstellers**.
- **Kein Ausschluss gem. §§ 861 II, 862 II.** Dies ist dann gegeben, wenn der Anspruchssteller den Besitz selbst durch verbotene Eigenmacht gegenüber dem Anspruchsgegner oder dessen Rechtsvorgänger (§ 858 II S. 2) erlangt hat, also fehlerhaften Besitz hat, und dies weniger als ein Jahr zurückliegt.
- **Kein Erlöschen gem. § 864** (vgl. SachenR I, Rn. 231 ff.). Die Besitzschutzansprüche *erlöschen mit Ablauf eines Jahres nach der Verübung der verbotenen Eigenmacht*, *wenn der Anspruch nicht vorher klageweise geltend gemacht wurde, § 864 I*. Dafür reichen ein Antrag auf Erlass einer einstweiligen Verfügung oder die Erhebung einer Feststellungsklage nicht. *Die Frist läuft unabhängig von der Kenntnis des Gestörten*. Gem. § 864 II erlischt der Anspruch auch, wenn nach der Verübung der verbotenen Eigenmacht ein rechtskräftiges Urteil ergeht, mit dem der Störer die Herbeiführung der jetzigen Besitzlage herbeiführen kann. Ist das Urteil bereits vor Verübung der verbotenen Eigenmacht ergangen und erst danach rechtskräftig geworden, so kann § 864 II nach streitiger, aber wohl h.M. nicht analog angewandt werden, da ansonsten nach Erlass eines Urteils immer der sanktionslose Weg zur Selbstvollstreckung offen wäre. Damit würde das gesetzliche Zwangsvollstreckungssystem unterlaufen.

2. Die **Ansprüche stehen** dem **unmittelbaren** und **gem. § 869 auch dem mittelbaren** Besitzer zu. Dies gilt auch für den **Teilbesitzer** und mit **den Einschränkungen des § 866 auch für den Mitbesitzer**. Dem **Besitzdiener** stehen sie wegen der abschließenden Regelung des § 860 **nicht** zu. **Nach § 869 S. 2 kann der mittelbare Besitzer grds. jedoch nur Rückgabe an den unmittelbaren Besitzer verlangen**. Dies *gilt als allgemeiner Rechtsgedanke auch für Mitbesitzer*, die nur Einräumung von Mitbesitz verlangen können. Eine Ausnahme ergibt sich aus § 869 S. 2 HS 2.

hemmer-Methode: Auch wenn materielle Einwendungen gegen die possessorischen Ansprüche nicht erhoben werden können, § 863, können sie dennoch bei geschickter Prozessführung berücksichtigt werden (vgl. SachenR I, Rn. 234): Erhebt der Beklagte eine Widerklage, mit der er seine materiell-rechtlichen Einwendungen geltend machen kann, so wird die Besitzschutzklage bei gleichzeitiger Entscheidungsreife abgewiesen, auch wenn sie ursprünglich erfolgreich war.

II. Der Besitz

Ansprüche gem. § 1007

§ 1007 enthält weitere Ansprüche zum Schutz des Besitzes. Diese werden petitorische Besitzschutzansprüche genannt, da es nicht lediglich auf den Besitzentzug ankommt, sondern auf das sog. bessere Recht zum Besitz. Hier sind materiell-rechtliche Einwendungen daher zugelassen. § 1007 enthält in den Abs. 1 und 2 jeweils eigenständige Anspruchsgrundlagen, die separat zu prüfen sind. Abs. 3 enthält einen für beide Ansprüche geltenden Anspruchsausschluss.

1. **Nennen Sie die Anspruchsvoraussetzungen beider Absätze**
2. **Was sind die Voraussetzungen des Anspruchsausschlusses gem. Abs. 3.**
3. **Welche anderen Ansprüche können sich neben den Herausgabeansprüchen noch aus § 1007 ergeben?**

1. Gemeinsame Voraussetzungen der beiden Ansprüche gem. § 1007 (vgl. auch SachenR I, Rn. 235 ff.; Herausgabeansprüche, Rn. 110 ff.) ist, dass **es sich um bewegliche Sachen handelt**. Ferner muss der **Anspruchsteller früher Besitzer** gewesen sein, während jetzt der **Anspruchsgegner den Besitz innehat**. Hinsichtlich des Besitzes des Anspruchsinhabers sowie des Anspruchsgegners ist die Besitzart irrelevant; allerdings gilt für Mitbesitzer und mittelbare Besitzer auch hier § 869 S. 2 analog.

Besondere Voraussetzung des Abs. 1 ist die **Bösgläubigkeit** (§ 932 II**) des Besitzinhabers bzgl. seines Besitzrechts bei Besitzerwerb**. Auf eine spätere Kenntnis kommt es nicht an.

Besondere Voraussetzung des Abs. 2 ist, dass die Sache, die gem. S. 2 nicht in Geld oder Inhaberpapieren bestehen darf, **abhandengekommen ist**, der unmittelbare Besitzer diese also ohne seinen Willen verloren hat. *Ferner geht § 1007 II von der Gutgläubigkeit des jetzigen Besitzers aus, da ansonsten Abs. 1 eingreift. § 1007 II ist jedoch ausgeschlossen, wenn der jetzige Besitzer Eigentümer ist*, oder wenn *ihm selbst die Sache vor der Besitzzeit des Anspruchsstellers abhandengekommen war.*

2. Gem. Abs. 3 sind beide Ansprüche in folgenden Fällen ausgeschlossen:

- **Bösgläubigkeit des Anspruchstellers bei Besitzerwerb**,
- **Aufgabe des Besitzes durch den Anspruchsteller** oder
- wenn der **Anspruchsgegner gem. § 1007 III S. 2, § 986 ein Recht zum Besitz** hat.

3. Aus § 1007 III S. 2 ergeben sich **durch die Verweisung auf** die Vorschriften des **Eigentümer-Besitzer-Verhältnisses** auch **Schadens-, Verwendungs- und Nutzungsersatzansprüche**.

hemmer-Methode: Die Bedeutung dieser Anspruchsgrundlagen ist gering. Dennoch sollten sie in einer „Besitzklausur“ nicht vergessen werden. Hierbei kommt es dann allein auf das präzise Subsumieren an. Detailkenntnisse werden nicht verlangt. Ist die Zeit in der Klausur knapp und sind die §§ 985, 861 bereits geprüft und (z.T.) bejaht, wird man § 1007 am ehesten einmal weglassen können.

II. Der Besitz

Besonderer Besitzschutz

Der Gesetzgeber hat in vielen Fällen den Schutz des Besitzrechts genau bedacht und ausführlich geregelt. Diese Regelungen sind jedoch nicht abschließend. Vielmehr ist Besitzschutz auch nach allgemeinen Vorschriften wie dem Bereicherungsrecht und dem Deliktsrecht möglich.

1. **Unter welchen Voraussetzungen ist ein Schutz durch Deliktsrecht möglich?**
2. **In wie weit ist Bereicherungsrecht neben den §§ 858 ff. anwendbar ?**
3. **Gibt es auch einen quasi-negatorischen Besitzschutz?**

1. Deliktsrecht: Nach **allg. Ansicht** stellt der **Besitz ein sonstiges Recht i.S.d. § 823 I** dar. **Umstritten** ist jedoch, ob dies für **jeglichen Besitz (**so wohl BGH) **oder nur bestimmten Besitz** gilt (vgl. SachenR I, Rn. 243 ff.). Am überzeugendsten ist Folgendes: Was als sonstiges Recht anerkannt wird, muss zumindest eigentumsähnlich sein, also Nutzungs- und Ausschließungsfunktion haben. Daher ist der **berechtigte Besitz anzuerkennen**, z.B. der des Mieters (er darf nutzen, § 535, und gem. §§ 858 ff. andere ausschließen). Dies gilt **aber auch** für **bestimmte nichtberechtigte Besitzer; nämlich den gutgläubigen, nicht verklagten, entgeltlichen Besitzer**. Er genießt auch den Schutz des § 858 und kann die Nutzungen behalten, vgl. §§ 987, 988. Unmittelbarer und mittelbarer Besitz stehen gleich.
Ein **Schutz gem. § 823 II** würde das **Bestehen eines Schutzgesetzes voraussetzen**. Strafrechtliche Bestimmungen scheiden hierfür regelmäßig aus, da diese den Eigentümer und nicht den Besitzer als solchen schützen. Die **Rspr**. sieht jedoch **§ 858 als Schutzgesetz** an. Dies hat insbesondere in den Abschleppfällen Relevanz, bei denen über § 823 II, 858 BGB gehaftet wird, vgl. BGH Life&Law 2009, 511 ff. Nach anderer, in der **Literatur** vertretener Auffassung **vermag dies jedoch nicht zu überzeugen.** *Denn wenn man § 858, der auch den nichtberechtigten, bösgläubigen Besitzer schützt, als Schutzgesetz anerkennt, wird die für § 823 I gefundene Wertung aus den Angeln gehoben.*

2. Bereicherungsrecht: Für die **Leistungskondiktion** besteht in den §§ 858 ff. keine besondere Regelung. Diese bleibt mithin **neben dem besonderen Besitzschutz anwendbar**. Bei der **Eingriffskondiktion ist zu differenzieren**: Sie kommt **nur** dann in Betracht, **wenn der entzogene Besitz durch ein Recht zum Besitz einen Zuweisungsgehalt bekommen hatte**. **Bezüglich** der Entziehung **des reinen, unberechtigten Besitzes sind die §§ 861 ff. dagegen leges specialis** und schließen die Anwendbarkeit der Eingriffskondiktion aus (ausführlich Herausgabeansprüche, Rn. 130).

3. *Quasi-negatorische Ansprüche sind alle Unterlassungsansprüche, die sich auf ein sonstiges Recht i.S.d. § 823 I beziehen*. Diese Ansprüche werden auf eine *Analogie zu §§ 1004, 861, 12* gestützt. **Da der Besitz**, wie oben gezeigt, **unter bestimmten Voraussetzungen ein sonstiges Recht darstellt, ist in diesen Fällen auch der quasi-negatorische Schutz gegeben**. *Dies gilt allerdings nur für vorbeugende Klagen, denn der Unterlassungsanspruch bzgl. einer bereits erfolgten Beeinträchtigung folgt aus §§ 861, 862 direkt.*

hemmer-Methode: Hinsichtlich des ersatzfähigen Schadens ist zwischen Substanz-, Nutzungs-, Haftungs- und sonstigen Folgeschäden zu unterscheiden (vgl. SachenR I, Rn. 250 f.).

III. Übereignung beweglicher Sachen

Einführung/Überblick

Die Übereignung ist die wichtigste Verfügung im Sachenrecht. Mit ihr wird das Eigentum an Sachen von einem Rechtsträger auf einen anderen übertragen. Dabei ist zu unterscheiden zwischen der Übereignung beweglicher Sachen und der unbeweglicher Sachen. Erstere ist in den §§ 929 ff. geregelt, die Übereignung unbeweglicher Sachen in den §§ 873, 925 ff. Diese Tatbestände sind streng auseinander zu halten. Die Übereignung beweglicher Sachen hat einen allgemeinen Tatbestand und mehrere Sondertatbestände. In der Klausur muss man in schwierigen Fällen alle Tatbestände genau durchsubsumieren, um zum richtigen Ergebnis zu kommen.

1. **Nennen Sie die Voraussetzungen des Grundtatbestandes und die der Sondertatbestände.**
2. **Grenzen Sie die Übereignung von Sachen von der Übertragung von Forderungen ab.**

1. Der **Grundtatbestand** der Übereignung von beweglichen Sachen **gem. § 929 S. 1 setzt voraus**:

- **Einigung** (d.h. dinglicher Vertrag darüber, dass ein Eigentumsübergang stattfinden soll)
- **Übergabe** (d.h. Verschaffung von Besitz des Erwerbers durch den Veräußerer, welche in Vollzug der Übereignung erfolgt und bei der der Veräußerer keinen Restbesitz zurückbehält).
- **Berechtigung des Verfügenden** (d.h. i.d.R. aufgrund Eigentums, oder aufgrund besonderer rechtsgeschäftlicher oder gesetzlicher Ermächtigungen)

Die **Sondertatbestände der §§ 929 S. 2, 930, 931 sind keine eigenen Übereignungstatbestände!** Sie regeln lediglich die Besonderheiten, die in bestimmten Fällen an die Stelle der Übergabe treten können. **Daher sind** alle drei Sondertatbestände**, die sog. Besitz- oder Übergabesurrogate**, **immer im Zusammenhang mit § 929 S. 1 zu prüfen. Es bleibt mithin immer die Einigung und die Berechtigung aus § 929 S. 1 zu prüfen**, **und nur wenn keine Übergabe vorliegt, ist zu prüfen, ob diese gem. § 929 S. 2 entbehrlich ist oder durch § 930 oder § 931 ersetzt wurde** (vgl. dazu SachenR II, Rn. 38 ff.).

2. Die Übereignung von Sachen und die Übertragung von Forderungen sind streng auseinander zu halten. **Forderungen werden nicht übereignet (!), sondern abgetreten, §§ 398 ff**. Bei ihnen gilt der sachenrechtliche Publizitätsgrundsatz nicht, da es sich nicht um dingliche Rechte handelt. Die Übereignungsvorschriften gelten nur für Sachen i.S.d. §§ 90, 90a. **Wer Forderungen „übereignet", beendet damit die Klausur!**

Trotzdem stellt die Übertragung einer Forderung eine Verfügung dar! Auch gilt wie bei der Übereignung von Sachen der Bestimmtheitsgrundsatz.

hemmer-Methode: Gerade bei den Übereignungstatbeständen ist wegen der sachenrechtlichen Prinzipien (vgl. KK 1) alles Wesentliche im Gesetz klar geregelt. Verschaffen Sie sich durch mehrfaches sorgfältiges Lesen der §§ 929 - 935 einen Überblick über die gesetzliche Regelung; achten Sie dabei zum einen darauf, welche Besonderheiten der jeweilige Übereignungstatbestand hat, zum anderen darauf, welcher Gutglaubenstatbestand welchem Übergabesurrogat entspricht.

III. Übereignung beweglicher Sachen

Die dingliche Einigung

Die dingliche Einigung ist immer erforderlich und in § 929 S. 2 sogar auch ausreichendes Erfordernis der Übereignung. Sie ist ein dinglicher Vertrag, der auf die Übertragung des Eigentums gerichtet ist und zwischen Übertragendem und Erwerber geschlossen werden muss. Sie unterscheidet sich von dem schuldrechtlichen Vertrag dadurch, dass dieser auf die Begründung einer Verpflichtung zur Übereignung gerichtet ist.

Inwiefern gelten für diesen dinglichen Vertrag Besonderheiten bzgl. der Geschäftsfähigkeit, Willensmängeln (Anfechtbarkeit) und der Zulässigkeit von Bedingungen (§ 158)?

Da **alle angesprochenen Probleme aus dem AT des BGB** stammen, kann grds. davon ausgegangen werden, dass sie nicht nur speziell im Schuldrecht gelten, sondern **auch im Sachenrecht**. Trotz dieses Grundsatzes sind jedoch **häufig Besonderheiten** zu beachten.

1. Geschäftsfähigkeit, §§ 104 ff.

Die Vorschriften der Geschäftsfähigkeit gelten auch für die dingliche Einigung. Daraus folgt, dass eine **solche Einigung wirksam ist, sofern der Minderjährige (Mj.) selbst Eigentum erlangen soll**, da dies **lediglich rechtlich vorteilhaft ist, § 107** (vgl. zuletzt BGH Life&Law 2005, 203 ff.). Dies gilt aufgrund des Abstraktionsprinzips unabhängig davon, ob das zugrundeliegende schuldrechtliche Kausalgeschäft, z.B. § 433 unwirksam ist, da der Mj. sich gleichzeitig zur Zahlung des Kaufpreises verpflichtet. Dagegen ist die **Einigung unwirksam, wenn der Mj. selbst das Eigentum übertragen soll, da** er damit ein Recht, das Eigentum, verliert **(nachteilig)**.

Schwierig ist die Frage zu beantworten, wenn der **Mj. eine Sache übereignen will, die nicht ihm gehört**. Hier liegt **nicht automatisch ein rechtlicher Nachteil** vor, da der Rechtsverlust nicht bei ihm eintritt (sog. neutrales Geschäft). Die **h.M. folgert aus § 165**, wonach der Mj. auch als Stellvertreter tätig sein darf (Stellvertretung ist für den Vertreter immer ein neutrales Geschäft)**, dass eine solche dingliche Einigung wirksam ist. Im Übrigen wird eine teleologische Reduktion des § 107 BGB befürwortet**. *Ob dagegen in einem solchen Fall gutgläubiger Erwerb durch den Dritten möglich ist, ist umstritten* (vgl. dazu SachenR II, Rn. 16).

2. Willensmängel, §§ 116 ff.

Wie jeder andere Vertrag kann auch die dingliche Einigung angefochten werden. Allerdings muss sich der Anfechtungsgrund wegen des Abstraktionsprinzips **auf das dingliche Geschäft selbst beziehen** und kann nicht aus einem Irrtum im Kausalgeschäft hergeleitet werden. **Nur ausnahmsweise gilt** etwas anderes in Fällen der **Fehleridentität** (vgl. SachenR II, Rn. 17), **wenn schuldrechtlicher und dinglicher Vertrag an denselben Mängeln leiden**.

3. Bedingungen, § 158

Hinsichtlich der Zulässigkeit von Bedingungen ergeben sich, *im Gegensatz zu der Übereignung unbeweglicher Sachen, § 925 II*, **keine Besonderheiten** (vgl. SachenR II, Rn. 20).

hemmer-Methode: Wichtiges Beispiel für eine Bedingung bei der Übereignung ist der Eigentumsvorbehalt, bei dem das Eigentum erst nach vollständiger Kaufpreiszahlung übergeht, §§ 929, 158. Vergleiche hierzu auch die Auslegungsregel in § 449 I BGB.

III. Übereignung beweglicher Sachen

Die dingliche Einigung 2

Die Einigung i.S.d. § 929 ist ein dinglicher Vertrag. Abgesehen von dem normalen Vertragsschluss gem. §§ 145, 147 und den vorgenannten Besonderheiten ist daher aus Gründen der Rechtsklarheit auch der sachenrechtliche Bestimmtheitsgrundsatz zu beachten. Denn das Eigentum kann immer nur an bestimmten Gegenständen übertragen werden.

1. **Welche Anforderungen sind an die inhaltliche Bestimmtheit der dinglichen Einigung zu stellen?**
2. **Welche Besonderheiten sind bei der Sicherungsübereignung zu beachten?**

1. Grds. gilt: **Allein anhand des Inhalts der Einigung muss** ohne Zuhilfenahme anderer Umstände **für jeden Dritten erkennbar sein, an welchen Sachen sich die dingliche Rechtsänderung vollzogen hat. Bloße Bestimmbarkeit genügt nicht**. *Das heißt jedoch nicht, dass die Parteien ausdrücklich die zu übereignende Sache bezeichnen müssen. Vielmehr kann sich die Bestimmtheit auch aus den Umständen ergeben*. Wird ein Brötchen beim Bäcker verkauft und übereignet, so ergibt sich aus den Umständen, dass dieses Brötchen gemeint ist.

2. Problematischer ist die Einhaltung der erforderlichen Bestimmtheit in den Fällen, in denen keine körperliche Übergabe erfolgt (z.B. bei der Sicherungsübereignung gemäß §§ 929, 930) und bei denen es sich um größere Mengen von Gegenständen handelt. **Es ist dann zwar nicht erforderlich, dass jede einzelne Sache genau benannt wird. Vielmehr genügt es, wenn sich die Bestimmtheit aus den Umständen ergibt; so z.B. wenn ein gesamtes Lager übereignet wird**, da dann feststeht, dass jede Sache, die dazugehört, auch übereignet wurde. **Nicht ausreichend ist es hingegen, wenn „die Hälfte der Waren eines bestimmten Lagers" oder „Getreide im Werte von 10.000,- Euro" übereignet wird. Hier steht nicht fest, welche Sachen dazu gehören und welche nicht**. *Ebenso wenig genügt es nach der Rspr., wenn die von der Übereignung erfassten Sachen erst durch Aufzeichnungen bestimmt werden, die außerhalb des Vertrages liegen, wie Warenbücher oder Rechnungen*. Werden *Warenlager mit wechselnden Beständen* übereignet, so müssen die Neuzugänge eindeutig gekennzeichnet oder auf eine andere Weise deutlich werden, dass sie übereignet werden. Die Unterscheidbarkeit muss immer äußerlich sein. Daher liegt ein Verstoß gegen den Bestimmtheitsgrundsatz vor, wenn alle Sachen, bis auf die Waren, die aus einem bestimmten Staat stammen, übereignet werden sollen. Denn die Herkunft ist nicht äußerlich erkennbar.

Der *relevante Zeitpunkt für die Bestimmtheit ist der der Übereignung selbst*. Spätere Schwierigkeiten bei der Unterscheidbarkeit sind unerheblich.

hemmer-Methode: Die Frage der Bestimmtheit ist ein beliebtes Klausurproblem. Gerade bei der Sicherungsübereignung von Warenbeständen ist dabei das Spannungsverhältnis zwischen ausreichender Bestimmtheit von bloßen Anteilen und der Gefahr einer sittenwidrigen Übersicherung (§ 138) durch das gesamte Lager zu beachten.

III. Übereignung beweglicher Sachen

Der relevante Zeitpunkt

§ 929 S. 1 schreibt vor, dass sich der Erwerber und der Veräußerer „einig sind“. Daraus ergibt sich das Problem, zu welchem Zeitpunkt die Einigung vorliegen muss und was geschieht, wenn zwar einmal eine Einigung stattgefunden hat, eine Partei aber vor der Übergabe oder deren Surrogat ihre Meinung ändert. Sind die Parteien an ihre Einigung gebunden? Gilt auch hier der Grundsatz pacta sunt servanda? Ist es auch möglich, dass erst die Übergabe erfolgt und nachfolgend die Einigung erzielt wird?

1. **Nehmen Sie zu den angesprochenen Fragen Stellung.**
2. **Gelten bei einer Übereignung unter Eigentumsvorbehalt Besonderheiten?**

1. Wie schon die **Formulierung des Gesetzes** nahe legt, muss die Einigung im Zeitpunkt der Vollendung der Rechtsübertragung vorhanden sein. Ob sie bereits vorher vorhanden war oder nicht ist irrelevant. **Allein entscheidend ist der Zeitpunkt der Übergabe**.

Haben die Parteien sich bereits vor der Übergabe geeinigt, ändert aber eine Partei ihre Auffassung, so stellt sich die **Frage der Widerruflichkeit**. **Die h.M. bejaht diese**. Der aus dem Schuldrecht stammende **Grundsatz „pacta sunt servanda" gilt für die dingliche Einigung nicht,** sondern nur für die Übereignung im Ganzen. (Diese ist aber erst komplett mit der Übergabe der Sache). Die dingliche Einigung allein erzielt keine Rechtswirkungen. **Die h.M. folgert die Widerruflichkeit mit einem argumentum e contrario aus § 873 II und § 956 I S. 2**. Da dort ausdrücklich die Unwiderruflichkeit geregelt ist, kann dies mangels ausdrücklicher Regelung in anderen Fällen nicht gelten; denn sonst hätte der Gesetzgeber dies auch bei § 929 angeordnet. *Ein Widerruf ist allerdings nicht darin zu sehen, dass eine Partei allein innerlich ihren Willen ändert. Vielmehr muss der Widerruf deutlich nach außen zu Tage treten*, teilweise wird sogar der Zugang der Widerrufserklärung verlangt (vgl. SachenR II, Rn. 27 ff.).

2. Bei der **Übereignung unter Eigentumsvorbehalt** wird das Eigentum unter einer aufschiebenden Bedingung übertragen. Da grds. das „Einigsein" im Zeitpunkt der Vollendung des Rechtserwerbs vorliegen muss, könnte man auf die Idee kommen, dass der Zeitpunkt des Bedingungseintritts maßgeblich ist. Dem ist jedoch nicht so. **Maßgebend bleibt der Zeitpunkt der Übergabe.**

hemmer-Methode: Denken im Zusammenhang: Bei der Prüfung einer Übereignung eines inzwischen Verstorbenen kann es darauf ankommen, ob die Einigung des Erblassers über seinen Tod fortwirkt. Gem. §§ 130 II, 153 ist das der Fall. Die Einigung muss von den Erben daher nicht wiederholt werden. Wenn mit der Übereignung kurz vor dem Tode allerdings schuldrechtlich eine Schenkung auf den Todesfall vorliegt, ist die Formvorschrift des § 2301 zu beachten. Ist diese nicht eingehalten und lag auch kein Vollzug i.S.d. § 2301 II vor, können die Erben den geschenkten Gegenstand nach § 812 I S. 1, 1. Alt. kondizieren.

III. Übereignung beweglicher Sachen

Die Berechtigung des Verfügenden

Da es sich bei der rechtsgeschäftlichen Übereignung um die Übertragung eines dinglichen Rechts handelt, versteht es sich von selbst, dass der Verfügende grds. Berechtigter sein muss.

So ist es selbstverständlich, dass nur derjenige eine Forderung gem. § 398 abtreten kann, der selbst deren Inhaber ist.

1. **Welche Fälle der Berechtigung gibt es?**
2. **Muss auch der Stellvertreter, der bei der Übereignung mitwirkt, Berechtigter sein?**

1. Berechtigt ist der **Eigentümer**. Gem. § 903 kann der er mit der Sache nach seinem Belieben verfahren. D.h. natürlich auch, dass er sie übereignen kann, dies ergibt sich auch aus dem eindeutigen Wortlaut des § 929 S. 1 (zu den Verfügungsverboten vgl. KK 41).

Schwieriger und damit klausurrelevanter ist der zweite Fall der Berechtigung: Die **Ermächtigung gem. § 185**. **Gem. § 185 I kann auch ein Nichteigentümer über die Sache eines anderen verfügen, wenn der Eigentümer in die Übereignung eingewilligt hat, § 183**. **Verfügender und Vertragspartner der dinglichen Einigung ist in diesem Fall der Ermächtigte, nicht der Eigentümer**. *In einem solchen Fall kommt es auf einen gutgläubigen Erwerb gem. §§ 932 ff. nicht an. § 185 enthält in Abs. 2 weitere Fälle, die eine Verfügung eines ursprünglich Nichtberechtigten wirksam werden lassen, da sie die Berechtigung fingieren*. Das ist einmal dann der Fall, wenn der Eigentümer die Verfügung nachträglich genehmigt, oder wenn der Verfügende die Sache erwirbt, z.B. durch Erbschaft, § 1922. Schließlich gilt dies auch, wenn umgekehrt der Verfügende stirbt und der Eigentümer sein Erbe wird und unbeschränkt für die Nachlassverbindlichkeiten haftet. In diesen Fällen, wird die Verfügung auch dann wirksam, wenn ein gutgläubiger Erwerb aufgrund § 935 oder Bösgläubigkeit gescheitert war.

Die Berechtigung, über eine fremde Sache zu verfügen, kann sich zudem auch aus dem Gesetz ergeben, so z.B. für den Insolvenzverwalter gem. § 80 I InsO.

2. Von dem Fall der Ermächtigung nach § 185 **sind die Fälle der Stellvertretung zu unterscheiden**. *Hinsichtlich der dinglichen Einigung ist eine Stellvertretung unproblematisch möglich, da es sich um einen sachenrechtlichen Vertrag handelt*. In einem solchen Fall **ist jedoch der Stellvertreter nicht Verfügender**, *so dass es auf seine Verfügungsberechtigung gar nicht ankommt*. **Denn Verfügender ist der Vertretene**, so dass es nur darauf ankommt, ob dieser Eigentümer oder Ermächtigter ist.

hemmer-Methode: In der Klausur ist es wichtig, den richtigen Aufbau zu wählen, um keine Probleme auszulassen und damit wertvolle Punkte zu verschenken: Daher ist, systematisch sauber, immer erst die Berechtigung des Verfügenden als Eigentümer, dann die Ermächtigung gem. § 185 und erst anschließend, nachdem diese beiden Alternativen abgelehnt worden sind, auf den gutgläubigen Erwerb einzugehen.

III. Übereignung beweglicher Sachen

Der Grundtatbestand der Übergabe, 854 I, II

Eine Übereignung gem. § 929 S. 1 erfordert immer eine Übergabe. Diese besteht darin, dass der Veräußerer sich seiner Besitzposition vollständig entledigt, der Erwerber Besitz an der Sache erlangt und dies auf Veranlassung des Veräußerers geschieht. Welche Art des Besitzes der Veräußerer hatte und welche Art des Besitzes der Erwerber erlangt, ist irrelevant, sofern die drei genannten Voraussetzungen vorliegen. Bei der Übergabe handelt es sich um einen Realakt.

1. **Welche Möglichkeiten der Übergabe bestehen gem. § 854?**
2. **Welche Besonderheiten gelten hinsichtlich der Einschaltung von Besitzmittlern?**

1. Gem. **§ 854 I** ist eine **Übergabe erfolgt, wenn der Erwerber vom Veräußerer die tatsächliche Sachherrschaft über die Sache erlangt und der Erwerber einen allgemeinen Besitzwillen hat**. Damit gibt der Veräußerer regelmäßig automatisch seinen Besitz auf, so dass die Übereignung in diesem Fall unproblematisch ist.

Der für die Übergabe erforderliche **Besitzübergang kann sich gem. § 854 II aber auch allein durch eine rechtsgeschäftliche Einigung vollziehen** (vgl. SachenR II, Rn. 33 f.). Dies ist dann der Fall, **wenn der Erwerber bereits im Zeitpunkt der Übereignung die tatsächliche Sachherrschaft über die Sache ausüben kann.** *Die Übereignung besteht dann allein aus Einigungen, also Verträgen.* Ein klassischer Fall ist Holz, das für jeden zugänglich im Wald lagert. Will der Veräußerer dieses übertragen, so genügt die bloße Einigung über den Besitzübergang. Ein weiteres Bsp. ist die Übergabe an einen Besitzdiener. *Hiervon zu unterscheiden ist die Konstellation, in der der Erwerber nicht nur die tatsächliche Gewalt ausüben kann, sondern sogar schon Besitz hat (z.B. als Besitzmittler). Dann greift § 929 S. 2 ein* und nicht § 929 S. 1 i.V.m. § 854 II.

2. Übt der Veräußernde den **Besitz** nicht persönlich, sondern **durch Besitzdiener, § 855**, aus, so kann er die **Übergabe vollziehen**, **indem er den Besitzdiener anweist, dem Erwerber die Sache auszuhändigen**. Er kann **aber auch den Besitzdiener anweisen, die tatsächliche Sachherrschaft weiterhin auszuüben, aber von nun an für den Erwerber** (vgl. SachenR II, Rn. 34 f.).

Genauso wie der Veräußerer **Besitzdiener** einschalten kann, kann dies **auch auf Seiten des Erwerbers** geschehen. So ist eine Übergabe auch erfolgt, wenn der Veräußerer die Sache einem Besitzdiener des Erwerbers aushändigt.

hemmer-Methode: An dieser Stelle der Übergabe treffen regelmäßig die Bestimmungen der §§ 929 ff. mit denen des Besitzrechts zusammen. Vor allem aus diesem Grunde sollte man das Besitzrecht nicht vernachlässigen! Es gab schon Examensklausuren, in denen eine gründliche Analyse der komplexen Besitzlage (z.B. Übereignung unter EV eines Gegenstandes, der im gemeinsam gemieteten Raum einer WG steht) ein Schwerpunkt der Aufgabenstellung war.

III. Übereignung beweglicher Sachen

Übergabe mit Besitzmittlern

Bisher wurde immer davon ausgegangen, dass der Veräußerer auch unmittelbarer Besitzer ist. Dies ist aber nicht notwendig der Fall. Genauso kann er bloß mittelbaren Besitz i.S.d. § 868 haben.

Welche Möglichkeiten hat der Eigentümer in einem solchen Fall, das Eigentum an einer Sache auf einen Dritten zu übertragen?

Kann er dann auch gem. § 929 S. 1 übereignen oder muss er sich der Übergabesurrogate gem. §§ 930, 931 bedienen?

Hat der **Veräußerer** nur mittelbaren Besitz, so **kann** er aus mehreren Möglichkeiten **wählen, wie er das Eigentum überträgt** (vgl. auch SachenR II, Rn. 35). Welchen Weg er wählt, hängt davon ab, welches wirtschaftliche Ziel verfolgt wird.

1. Die Parteien können den Weg des **§ 929 S. 1** wählen. **Dafür muss der Übertragende seinen Besitzmittler anweisen, nicht mehr für ihn zu besitzen, sondern mit dem Erwerber ein neues Besitzmittlungsverhältnis zu vereinbaren und von nun an für den Erwerber zu besitzen**. *Damit hat der Veräußerer seinen Besitz ganz aufgegeben, der Erwerber mittelbaren Besitz erlangt und dies ist auf Veranlassung des Veräußernden geschehen.* Alle Voraussetzungen einer Übergabe liegen damit vor. Ebenso besteht ein gangbarer Weg des § 929 S. 1 darin, den Besitzmittler zu veranlassen, die Sache dem Erwerber direkt oder an einen diesem genehmen Besitzmittler zu übergeben.

2. Möglich ist auch der Weg des **§ 930**, indem der Veräußerer mit dem Erwerber ein **Besitzkonstitut** vereinbart. **Der Veräußerer besitzt dann von dem Moment an als Besitzmittler für den Erwerber. Gleichzeitig besitzt der Inhaber des unmittelbaren Besitzes noch für den Veräußerer**. Es entsteht dadurch ein **zweistufiger mittelbarer Besitz, vgl. § 871, an dessen Ende der neue Eigentümer steht**. *Dass der Veräußerer sich nicht jeglicher Besitzposition entledigt, schadet in diesem Fall nicht, denn dies ist nur Voraussetzung für eine Übergabe i.S.d. § 929 S. 1, nicht aber für § 930.*

3. Der Veräußerer kann auch nach **§ 931** das Eigentum übertragen. **Dafür muss er lediglich den sich aus dem Besitzkonstitut i.S.d. § 868 ergebenden Herausgabeanspruch** (nicht § 985) **an den Erwerber abtreten**. *Mit dieser Abtretung wird gem. § 870 gleichzeitig der mittelbare Besitz des Veräußerers auf den Erwerber übertragen.*

hemmer-Methode: In der Klausur stellen diese Fälle häufig ein großes Problem für die Bearbeiter dar. Das muss aber nicht sein. Es gilt lediglich alle drei Möglichkeiten der Übereignung darzustellen und dann den Willen der Parteien durch Auslegung zu ermitteln. Letzteres wird sich meistens einfach aus dem Sachverhalt entnehmen lassen.

III. Übereignung beweglicher Sachen

Geheißerwerb

Bisher wurde immer davon ausgegangen, dass der Veräußernde auch gleichzeitig zumindest irgendeine Art von Besitz inne hat. Das muss aber nicht immer so sein. So z.B. wenn dem E die Sache gestohlen wurde und E die Sache von dem gestellten Dieb gleich an den Erwerber übergeben haben will.

Ebenso kann es sein, dass der Erwerber gar nicht selbst den unmittelbaren oder mittelbaren Besitz an der Sache erlangen will, sondern die Sache gleich einem Dritten übergeben werden soll, wie in den Fällen der Durchlieferung.

Wie und nach welcher Vorschrift erfolgt in diesen Fällen die Übereignung?

Auch in den vorgenannten Fällen (vgl. auch SachenR II, Rn. 37 f.) kann sich die **Übereignung gem. § 929 S. 1** vollziehen. Es handelt sich um so genannten **Geheißerwerb**. Dabei sind drei Konstellationen zu unterscheiden: nur der Veräußerer schaltet eine Geheißperson ein; nur der Erwerber schaltet eine Geheißperson ein; beide Seiten bedienen sich der Geheißpersonen (sog. doppelter Geheißerwerb).

Im Ergebnis werden alle drei Fälle gleich behandelt.

Problematisch ist jeweils, inwiefern eine Übergabe in diesem Sinn vorliegt. Der Wortlaut „Übergabe" legt die Auslegung nahe, dass der Veräußernde vorher Besitz gehabt haben muss und der Erwerber des Eigentums Besitz erlangen muss. Dies hält die h.M. jedoch nicht für erforderlich. Denn es soll ebenso ausreichen, wenn der Veräußerer die Möglichkeit hat, so auf die Sache bzw. den Besitzer einzuwirken, dass diese Geheißperson sich seinem Willen fügt und dem Erwerber oder dessen Geheißperson den Besitz verschafft. **An die Stelle der tatsächlichen Herrschaftsgewalt**, die im Besitz regelmäßig ihren Ausdruck findet, **tritt beim Geheißerwerb** also auf beiden Seiten **die Besitzverschaffungsmacht durch Einwirkung auf einen Dritten, der sich dem Geheiß auch tatsächlich unterwirft**.

Ein weiteres wichtiges Argument für die Anerkennung des Geheißerwerbs sind die Bedürfnisse des Rechtsverkehrs. Ließe man diese Form der Übereignung nicht zu, so müsste bei einem *Streckengeschäft* (A verkauft an B, dieser an C, dieser wiederum an D) jeweils eine Übergabe an den nächsten erfolgen, obwohl es für die Parteien am Einfachsten ist, wenn B auf Bitte des C den A anweist, die Sache direkt dem D auszuhändigen. Die Figur des Geheißerwerbs ermöglicht es hier, dass mit dieser einen Übergabe alle Kaufverträge zwischen allen Parteien erfüllt werden.

hemmer-Methode: Während diese Argumentation beim Erwerb vom Berechtigten weitestgehend anerkannt ist, wirft dies beim gutgläubigen Erwerb große Probleme auf. Denn es ist fraglich, worin der Gutglaubensträger zu sehen ist, wenn der Besitz selbst als solcher ausscheidet, da der Veräußerer gar keinen Besitz hat.

III. Übereignung beweglicher Sachen

Brevi manu traditio

Der Eigentümer E hat seinen Computer seinem Freund F geliehen. Da F diesen kurzzeitig nicht mehr benötigte, hat er ihn mit Einwilligung des E an seinen Kumpel K weiterverliehen. Da E nun nach einiger Zeit bemerkt, dass er den Computer eigentlich nicht mehr benötigt und F großes Interesse an dem Computer hat, einigen sie sich, dass E dem F den Computer verkauft.

1. **Wie erfolgt in diesem Fall die Übereignung?**
2. **Zu welchem Zeitpunkt erfolgt sie?**

1. Die **Übereignung** kann sich in diesem Fall **gem. § 929 S. 2** vollziehen (vgl. SachenR II, Rn. 38 f.). Ist der Erwerber bereits im Besitz der Sache, so genügt nach dieser Vorschrift die bloße Einigung über den Eigentumsübergang. Dies wird **Übereignung kurzer Hand oder brevi manu traditio** genannt. Dies ist unproblematisch dann der Fall, wenn der Erwerber unmittelbaren Besitz hat, also wenn er den Computer nicht an den K weiterverliehen hätte. Dies **gilt jedoch auch, wenn der Erwerber, so wie hier, nur mittelbaren Besitz hat. Dem sachenrechtlichen Publizitätsprinzip wird dadurch Rechnung getragen, dass der Erwerber F ja bereits vorher Besitz hatte**. *Ferner muss der Veräußerer E, der ja mittelbarer Besitzer zweiter Stufe, vgl. § 871, war, in dieser Fallgestaltung auch jegliche Besitzposition aufgeben.* Dies ist der Fall, da sein mittelbarer Besitz endet, *indem gleichzeitig der Leihvertrag konkludent aufgehoben wird* und der F sich vom (mittelbaren) Fremdbesitzer zum Eigenbesitzer verwandelt.

Die Einigung i.S.d. § 929 S. 2 kann auch bereits erfolgen, bevor der Erwerber Besitz erlangt hat; sie muss dann aber im Zeitpunkt des Besitzerwerbs noch fortdauern (vgl. SachenR II, Rn. 39).

Neben dieser Einigung ist selbstverständlich auch wieder die Berechtigung des Veräußernden erforderlich.

2. Der **Zeitpunkt der Übereignung fällt** in den Fällen der Übereignung durch brevi manu traditio **regelmäßig mit dem Abschluss des schuldrechtlichen Grundgeschäfts** (z.B. Kaufvertrag) **zusammen.** *Denn regelmäßig wird man diese Einigung gleichzeitig so auslegen können, dass damit auch die dingliche Einigung zur Übertragung des Eigentums erzielt werden soll.* Ein weiterer Ausführungsakt ist dann nicht mehr erforderlich. Etwas anderes kann jedoch die Auslegung dieser Willenserklärungen ergeben, wenn der Käufer nicht sogleich zahlt und der Verkäufer das Eigentum erst mit der Bezahlung übertragen will.

hemmer-Methode: Diese zeitliche Koinzidenz von schuldrechtlichem und dinglichem Vertrag bedeutet keine Durchbrechung des Abstraktionsprinzips: es handelt sich trotzdem um zwei rechtlich selbständige Verträge, deren Wirksamkeit grds. unabhängig voneinander zu beurteilen ist.

III. Übereignung beweglicher Sachen

Übereignung mittels Besitzkonstitut, § 930

Während in allen Fällen des § 929 der das Eigentum Übertragende seine Besitzposition vollständig aufgeben muss, gibt es häufig ein Bedürfnis dafür, dass der Veräußerer zwar sein Eigentum verliert, aber dennoch seinen Besitz behält. Dies ist insbesondere bei der Sicherungsübereignung der Fall: Der Sicherungsgeber soll der Bank zwar sicherungshalber das Eigentum verschaffen, gleichzeitig soll er jedoch weiter mit den Wirtschaftsgütern wirtschaften können, damit er der Bank das geschuldete Geld aus der gesicherten Forderung zurückzahlen kann.

Wie vollzieht sich in diesen Fällen die Übereignung?

Neben der **Einigung** über den Eigentumsübergang und der **Berechtigung** des Übereignenden ist es erforderlich, dass „ein Rechtsverhältnis vereinbart wird, vermöge dessen der Erwerber den mittelbaren Besitz erlangt", **§ 930. Diese Konstruktion tritt dann als Übergabesurrogat an die Stelle der Übergabe i.S.d. § 929 S. 1. Erforderlich ist mithin, dass ein Besitzmittlungsverhältnis i.S.d. § 868 vereinbart wird**. Im Fall der **Sicherungsübereignung stellt die Sicherungsabrede selbst ein solches ausreichend konkretes Rechtsverhältnis dar**. *Da mittelbarer Besitz auch entsteht, wenn nur ein unwirksames, vermeintliches Besitzmittlungsverhältnis vorliegt* (vgl. SachenR II, Rn. 46), *muss dies auch hier gelten.* ***§ 930 wirkt also auch bei Nichtigkeit des Besitzmittlungsverhältnisses***.

Ein Besitzmittlungsverhältnis kann auch bereits vereinbart werden, bevor die zu übereignende Sache überhaupt zu dem Veräußerer gelangt ist (vgl. SachenR II, Rn. 47 ff.). Dies ist insbesondere bei der Sicherungsübereignung von Warenlagern mit wechselndem Bestand relevant. Denn auch die neu zugegangenen Waren sollen dem Sicherungsnehmer (Bank) sofort mit Zugang übereignet werden. Allerdings muss zu diesem Zeitpunkt auch noch die antizipierte Einigung vorliegen, was nicht der Fall ist, wenn der Sicherungsgeber diese widerrufliche Einigung durch nach außen erkennbaren Akt widerrufen hat.

Streitig ist ferner, ob bei der Übereignung mittels ***antizipierten Besitzkonstituts*** *eine* ***weitere Ausführungshandlung*** *erforderlich ist, um dem* ***Publizitätsprinzip*** *ausreichend Rechnung zu tragen. Die wohl h.M. lehnt dies ab, da bei § 930 die Anforderungen an die Publizität gerade bewusst besonders stark eingeschränkt wurden.* Häufig unterscheiden sich die Ergebnisse beider Ansichten jedoch nicht, da bereits das Verbringen von Waren in den Raum, in dem die sicherungsübereigneten Sachen lagern, als ausreichende Ausführungshandlung allgemein anerkannt wird.

hemmer-Methode: § 930 eröffnet zwei Personen, die Mitbesitz haben und diesen behalten wollen, wie z.B. Ehegatten, die Möglichkeit, die dem einen gehörende Sache dem anderen Mitbesitzer zu übertragen. § 929 scheitert, da der Übertragende seinen Besitz nicht vollständig aufgibt. Dies ist bei § 930 jedoch unschädlich, so dass sie mittels eines Besitzkonstituts, das sich bei Ehegatten aus der Ehe selbst ergibt, § 1353, übereignen können.

III. Übereignung beweglicher Sachen

§ 931

Nach §§ 929, 931 ist eine Übereignung möglich, indem die Übergabe durch die Abtretung des Herausgabeanspruchs ersetzt wird, wenn ein Dritter im Besitz der zu übereignenden Sache ist. Dabei sind die Fälle zu unterscheiden, in denen der Veräußerer mittelbarer Besitzer ist, in denen er keinen mittelbaren Besitz aber einen Herausgabeanspruch hat, und diejenigen, in denen er weder mittelbaren Besitz noch einen Herausgabeanspruch hat.

Wie vollzieht sich in den drei genannten Konstellationen die Übereignung?

In allen drei Konstellationen ist zunächst gem. § 929 S. 1 die **Berechtigung** des Veräußerers und die **dingliche Einigung** über den Übergang des Eigentums erforderlich. Denn **§ 931 stellt als sog. Übergabesurrogat lediglich einen Ersatz für die Übergabe** i.S.d. § 929 S. 1 dar. Ferner ist nach dem Wortlaut des § 931 **Voraussetzung, dass ein Dritter Besitzer der Sache** ist. Dabei ist es irrelevant, ob dieser mittelbarer oder unmittelbarer Besitzer ist.

Ferner ist die **Abtretung des Herausgabeanspruchs gegen den Dritten** erforderlich. Diese Abtretung vollzieht sich **gem. §§ 398 ff**. Ein Abtretungsausschluss gem. § 399, der grds. dingliche Wirkung hat und zur Unwirksamkeit der Abtretung führt, gilt bei § 931 jedoch nicht. Da es sich hierbei praktisch um die Übereignung einer Sache handelt und diesbezüglich gem. § 137 keine dinglich wirkenden Verfügungsverbote möglich sind, wird § 399 in diesem Fall verdrängt. Trotz des Abtretungsverbots ist die Übereignung gem. § 931 daher möglich.

Bezüglich der Abtretung des Herausgabeanspruchs **ist nach den drei Konstellationen zu unterscheiden** (vgl. SachenR II, Rn. 54 ff.). *Diese Unterscheidung spielt auch beim gutgläubigen Erwerb eine große Rolle*.

1. Hat der Veräußerer **mittelbaren Besitz, so muss er seinen aus dem Besitzkonstitut fließenden Herausgabeanspruch abtreten. Damit wird gleichzeitig der mittelbare Besitz übertragen, § 870.**

2. Hat der Veräußerer **keinen mittelbaren Besitz**, z.B. weil der unmittelbare Besitzer sich zum Eigenbesitzer aufgeschwungen hat, **aber einen schuldrechtlichen Herausgabeanspruch gem. § 812, § 823 etc., so muss nach h.M. dieser abgetreten werden**. **Der Anspruch gem. § 985 kann hingegen nicht abgetreten werden**

3. Hat der Veräußerer **weder Besitz noch einen Herausgabeanspruch außer den aus § 985**, so ist **umstritten**, wie dieser Fall zu behandeln ist. Eine **M.M**. will hier den Anspruch aus § 985 abtreten lassen. **Die h.M.** lehnt dies jedoch ab und **lässt schlicht die Einigung über den Eigentumsübergang ausreichen** (vgl. SachenR II, Rn. 57). Der **BGH** erkennt es in diesem Fall an, wenn der Veräußerer neben der dinglichen Einigung den Erwerber analog § 185 ermächtigt, den unabtretbaren Herausgabeanspruch gem. § 985 im eigenen Namen geltend zu machen. Dies reiche für § 931 aus.

hemmer-Methode: Ist niemand im Besitz der zu übereignenden Sache, weil diese z.B. auf dem Meeresgrund liegt, so ist es streitig, ob und wie eine Übereignung möglich ist (vgl. SachenR II, Rn. 53). Die heute h.M. lässt eine Einigung gem. § 929 i.V.m. § 931 analog ausreichen. Da es keinen Herausgabeanspruch gebe, der abgetreten werden könne, müsse die bloße Einigung über den Eigentumsübergang ausreichen.

III. Übereignung beweglicher Sachen

Vertreter bei der Übereignung

Im Rechtsverkehr werden rechtsgeschäftliche Handlungen häufig nicht von dem Berechtigten selbst vorgenommen, sondern Vertreter, z.B. Angestellte, Prokuristen etc., eingeschaltet. Bei Vertragsabschlüssen ist dies unproblematisch, da es sich dabei um Willenserklärungen handelt, für die eine Stellvertretung gem. §§ 164 ff. problemlos möglich ist. Bei der Übereignung sind aber neben der dinglichen Einigung, bei der Stellvertretung auch problemlos möglich ist, häufig Realakte erforderlich, bei denen Stellvertretung ausgeschlossen ist.

Inwiefern ist bei der Übereignung eine Einschaltung von Stellvertretern bei der Übergabe bzw. den Übergabesurrogaten möglich und wie lässt sich diese bei Unzulässigkeit der Stellvertretung ersetzen?

Zur Beantwortung dieser Frage ist zwischen den einzelnen Übereignungstatbeständen zu unterscheiden (vgl. SachenR II, Rn. 58 ff.):

1. Bei **§ 931** ist eine **Stellvertretung in jeder Hinsicht möglich**. Denn die Abtretung eines Herausgabeanspruchs erfolgt gem. § 398, also durch einen Vertrag, der sich aus zwei Willenserklärungen zusammensetzt.

2. Das Gleiche gilt für § 930, da auch hier bei der Vereinbarung eines Besitzkonstituts **ausschließlich rechtsgeschäftliches Handeln**, nicht aber tatsächliches Handeln vorliegt.

3. Das Gleiche gilt **ebenso für § 929 S. 2**. *Allerdings ist zu beachten, dass für § 929 S. 2 der Erwerber und nicht sein Vertreter den Besitz an der Sache innehaben muss*. Ausreichend für § 929 S. 2 ist es jedoch, wenn der Vertreter dem Erwerber den Besitz mittelt, da so der Erwerber mittelbarer Besitzer ist.

4. Problematisch ist vor allem die **Übereignung gem. § 929 S. 1**. Erfolgt diese **gem. § 854 II, so ist auch Stellvertretung möglich**, **da die Übereignung sich durch zwei Einigungen**, also zwei Verträge vollzieht. **Das gleiche gilt, wenn** die Übereignung gem. § 929 S. 1 erfolgt, wenn **der Veräußerer**, der selbst mittelbarer Besitzer ist, **den unmittelbaren Besitzer anweist, von nun an für den Erwerber zu besitzen**. Denn auch dies ist rechtsgeschäftliches Handeln.

Im Fall der §§ **929 S. 1, 854 I ist eine Stellvertretung schließlich nicht möglich**, da ein rein tatsächliches Übertragen der tatsächlichen Herrschaftsgewalt vorliegt. Hier kann **dieselbe Wirkung jedoch** erzielt werden, **wenn der Stellvertreter als Besitzmittler oder aber als Besitzdiener, § 855, eingestuft werden kann. *Dafür gelten jedoch nicht die §§ 164 ff.***

hemmer-Methode: Unterscheiden Sie immer genau die unterschiedlichen Übereignungstatbestände. Denn, wie gesehen, kann dies in vielfältiger Hinsicht zu unterschiedlichen Rechtsfolgen führen. Dies gilt insbesondere auch für den gutgläubigen Erwerb.

III. Übereignung beweglicher Sachen

Keine Übereignung bei Mitbesitz (BGH NJW 79,714)

A ist Eigentümer eines herrlichen van Gogh, der in seinem Anwaltsbüro hängt. Von diesem Büro haben A und seine Bürovorsteherin B die Schlüssel. A will beim gemeinsamen Mittagessen im Restaurant dieses Bild seiner Nichte (N), die gerade zu Besuch ist, schenken und sogleich übereignen. Seine Nichte ist damit einverstanden. A gibt ihr daraufhin seinen Schlüssel zu seinem Büro, damit sie sich den van Gogh bei ihrer Abreise mitnehmen könne. Direkt vom Restaurant aus muss A ins Krankenhaus gebracht werden, wo er verstirbt. N betritt zwar zwischenzeitlich kurz das Büro, nimmt das Bild jedoch nicht mit und lässt es bei der Abreise zurück.

Hat N Eigentum an dem Bild erworben?

Die N könnte das **Eigentum** an dem Bild **gem. § 929 S. 1** erlangt haben. Dies setzt eine Einigung und eine Übergabe i.d.S. voraus. Eine **Einigung hat** nach dem Sachverhalt **stattgefunden**, da A und N sich einig waren, dass das Eigentum sogleich übergehen solle.

Problematisch ist dagegen, ob auch eine Übergabe stattgefunden hat. **Übergabe i.S.d. § 929 S. 1** erfordert einen Besitzerwerb des Erwerbers durch den Veräußerer sowie dessen völligen Besitzverlust. Eine Besitzübertragung könnte **im Fall gem. § 854 II** stattgefunden haben (vgl. SachenR II, Rn. 33)**. In diesem Fall würde die bloße Einigung zwischen A und N zur Übertragung des Besitzes genügen**. Die **N müsste in der Lage gewesen sein, die Gewalt über die Sache auszuüben**. Dies ist dann der Fall, wenn der Erwerber ohne weitere Gestattungshandlung des Übertragenden auf die Sache zugreifen kann. **Das ist hier mit der Schlüsselübergabe gegeben**. Doch auch in diesem Fall **muss der Übertragende seinen Besitz zusätzlich vollständig aufgeben**. **Dies ist hier nicht der Fall**. Denn zur Aufgabe des eigenen Besitzes genügt grds. nicht der bloße Aufgabewille. Vielmehr muss eine äußerlich erkennbare Aufgabehandlung hinzukommen. Eine solche kann in der Übergabe eines Schlüssels bestehen. Dies gilt aber nur dann, wenn nicht trotzdem der Besitz beim Übertragenden verbleibt. Dies ist hier der Fall**. Denn die Bürovorsteherin B hat noch einen weiteren Schlüssel gehabt. Da sie Besitzdienerin des A ist, § 855** (vgl. SachenR II, Rn. 34.), **war A immer noch Besitzer.** Daher hat der A durch seine Besitzdienerin B weiterhin Mitbesitz an dem Bild behalten. Ist dies jedoch der Fall, **so fehlt eine Voraussetzung des § 929 S. 1**.

Allerdings könnte die Besitzübergabe **gem. § 930** durch ein Besitzkonstitut ersetzt worden sein (vgl. SachenR II, Rn. 41 f.). **Dann müssten A und N sich geeinigt haben, dass A** (ggf. durch seine Besitzdienerin B) **von nun an für die N besitzen soll**. Ob dies hier gewollt war, ist **durch Auslegung** zu ermitteln, §§ 133, 157. Wenn es A und N darauf ankam, dass N auf jeden Fall das Eigentum sogleich erlangen solle, liegt es hier nahe, eine solche Vereinbarung zu bejahen. **Dann hat die N das Eigentum gem. §§ 929, 930 erworben**.

hemmer-Methode: Zwar kann man diesen Fall sehr schnell über § 930 lösen. Die gute Klausur zeichnet sich jedoch dadurch aus, dass auch vorgelagerte Probleme mitbehandelt werden und auf die Besonderheiten des Einzelfalls (hier der Schlüssel der B) eingegangen wird. Probleme schaffen, nicht wegschaffen! Im zugrundeliegenden BGH-Fall ging es praktisch ausschließlich um 929 S. 1, nicht um § 930. Insofern muss auf dieses Problem eingegangen werden.

IV. Gutgläubiger Erwerb

Einordnung/Allg. Voraussetzungen des gutgl. Erwerbs

Das Gesetz geht in den §§ 929 - 931 davon aus, dass der über das Eigentum Verfügende Eigentümer und damit Verfügungsberechtigter ist. Das ist jedoch nicht immer der Fall. Hat jemand eine verlorene Sache gefunden und übereignet er diese dann einem Dritten, so stellt sich die Frage, ob der Dritte zumindest gutgläubig Eigentum erwerben kann. Dies ist für bewegliche Sachen in §§ 932 ff. geregelt. Es gibt aber auch andere Gutglaubensvorschriften wie die §§ 2365 ff. für den Erbschein, den § 366 HGB, die §§ 891 ff. für unbewegliche Sachen. Für jeden gutgläubigen Erwerb gibt es einen Rechtsscheinträger, der die Vermutung der materiellen Berechtigung für sich hat.

1. **Was sind die allgemeinen Voraussetzungen des gutgläubigen Erwerbs?**
2. **Was ist hier und in den anderen genannten Vorschriften der Gutglaubensträger?**

1. Zunächst ist Voraussetzung für einen gutgläubigen Erwerb gem. §§ 932 ff., dass alle Voraussetzungen eines Erwerbstatbestandes gem. §§ 929 - 931 vorliegen. **Denn die §§ 932 ff. helfen nur über die fehlende Berechtigung hinweg**, heilen dagegen nicht die fehlende dingliche Einigung.

- Die **Berechtigung des Verfügenden muss fehlen**. Das ist der Fall, wenn der Verfügende **weder Eigentümer** ist **noch gem. § 185 ermächtigt** ist.
- Es muss sich bei dem Erwerb um ein **Rechtsgeschäft** handeln. *Beim Erwerb kraft Gesetzes, wie beim Erbfall, § 1922, gelten die §§ 932 ff. hingegen nicht.* Dieses Rechtsgeschäft muss ferner ein **Verkehrsgeschäft** sein (vgl. SachenR II, Rn. 68). *Das ist dann der Fall, wenn auf der Erwerberseite mindestens eine Person beteiligt ist, die nicht auch auf Veräußererseite steht.* Dies ist vor allem bei Rechtsgeschäften zwischen Mitgliedern von Gesellschaften und der Gesellschaft problematisch (vgl. SachenR II, Rn. 68).
- Der **Erwerber muss im Zeitpunkt der Vollendung** des Rechtserwerbs (vgl. SachenR II, Rn. 75) **gutgläubig i.S.d. § 932 II** sein.
- Der gutgläubige Erwerb darf **nicht gem. § 935 ausgeschlossen** sein.

2. Der **Gutglaubensträger** bei den **§§ 932 ff. ist der Besitz bzw. die Besitzverschaffungsmacht**. Denn der Besitz hat gem. § 1006 die Vermutung der Eigentümerschaft für sich. § 1006 gilt auch bei schenkweiser Erlangung des Besitzes, BGH, Life&Law 2015, 411 ff.

Bei §§ 2365 ff. ist die **Vermutung der Richtigkeit des Erbscheins**, **bei §§ 891** ff. ist die **Vermutung der Richtigkeit des Grundbuchs** der Gutglaubensträger.

hemmer-Methode: Die Vorschriften über den gutgläubigen Erwerb versuchen, einen Ausgleich herzustellen zwischen den Interessen des Eigentümers, der sein Eigentum nicht verlieren will, und dem Interesse des Rechtsverkehrs, sich darauf verlassen zu können, dass derjenige, der im Besitz einer Sache ist, auch Eigentümer ist. Findet gutgläubiger Erwerb statt, so geht dies zunächst zu Lasten des Eigentümers. Er erhält dafür aber einen Ausgleichsanspruch gem. § 816 I.

IV. Gutgläubiger Erwerb

Der gute Glaube

Die §§ 932 ff. setzen immer voraus, dass der Erwerber gutgläubig ist. Was darunter zu verstehen ist, regelt § 932 II für alle Gutglaubenstatbestände einheitlich. Trotz der scheinbar klaren Formulierung bereitet diese Vorschrift immer wieder Probleme. So stellt sich die Frage, was genau Gegenstand des guten Glaubens ist (1.), welche Anforderungen im konkreten Einzelfall an die grobfahrlässige Unkenntnis der Nichtberechtigung zu stellen sind (2.), welcher Zeitpunkt relevant ist (3.) und wie die Beweislastverteilung ist (4.).

Nehmen Sie zu den angesprochenen Problemen Stellung.

1. Gegenstand des guten Glaubens ist grds. der Glaube daran, **dass der Verfügende Eigentümer ist**. Dagegen wird der Erwerber ***nicht*** *in seinem Vertrauen* ***geschützt***, dass der veräußernde *Eigentümer auch* ***geschäftsfähig*** *ist oder* der für den Eigentümer *auftretende* **Vertreter auch Vertretungsmacht** *hat. Problematisch sind die Fälle*, in *denen der Veräußerer sagt, dass er nicht Eigentümer ist, aber behauptet, vom Eigentümer gem. § 185 ermächtigt zu sein.* Ist dies der Fall, erfolgt der Erwerb unproblematisch nach § 929, auf die §§ 932 ff. kommt es nicht mehr an. Stimmt die Behauptung jedoch nicht, *scheidet ein gutgläubiger Erwerb aus, da* ***die §§ 932 ff. nicht den guten Glauben an die Verfügungsbefugnis schützen*** (vgl. SachenR II, Rn. 72 f.; KK 40). Anders § 366 I HGB.

2. Maßstab der Gutgläubigkeit ist gem. § 932 II die Kenntnis oder die grob fahrlässige (§ 276 II) Unkenntnis der fehlenden Berechtigung. **Dabei gilt § 142 II**, **so dass** die **Kenntnis der Anfechtbarkeit** des Erwerbsgeschäfts der **Kenntnis der Nichtigkeit** des Erwerbs, also der Nichtberechtigung **gleichsteht.** Grob fahrlässig handelt danach, wer das außer Acht lässt, was jedem hätte einleuchten müssen. Kauft jemand einen gebrauchten Pkw, so muss er sich z.B. den Fahrzeugbrief (bzw. neuerdings die Zulassungsbescheinigung) vorlegen lassen, um nicht grob fahrlässig zu handeln, auch wenn der Händler in aller Regel nicht eingetragen sein wird (vgl. BGH Life&Law 2005, 583 ff.; 2007, 89 ff.).

3. Der **relevante Zeitpunkt** (vgl. SachenR II, Rn. 75) ist der der **Vollendung der Übereignung**. Entscheidend ist mithin der letzte erforderliche Teil des Übereignungstatbestandes. Findet allerdings eine *bedingte Übereignung* wie beim Vorbehaltsverkauf statt, so ist *nicht der Zeitpunkt des Bedingungseintritts, sondern die davor erfolgte, vollendete bedingte Übereignung maßgeblich* (arg. e § 161 I).

4. Die **Beweislast** ergibt sich aus der Formulierung des § 932 II, „es sei denn". Indem der Gesetzgeber diese Formulierung wählt, bringt er das **Regel-Ausnahme-Verhältnis** so zum Ausdruck, dass **grds. von Gutgläubigkeit ausgegangen werden muss**.

hemmer-Methode: Aus der Beweislastregelung ergibt sich, dass sich in der Klausur Ausführungen zur Gutgläubigkeit erübrigen, wenn im Sachverhalt keinerlei Anhaltspunkte für die Bösgläubigkeit erwähnt sind. Dann reicht ein Verweis darauf, dass das Gesetz die Gutgläubigkeit vermutet. Sind dagegen objektive Anhaltspunkte für eine Nichtberechtigung gegeben, ist regelmäßig von einer (Beweisbarkeit der) Bösgläubigkeit auszugehen, da gerade keine positive Kenntnis, sondern nur grobe Fahrlässigkeit erforderlich ist.

IV. Gutgläubiger Erwerb

Ausschluss des gutgl. Erwerbs, 935

Gem. § 935 entfällt ein gutgläubiger Erwerb, wenn die Sache dem Eigentümer „gestohlen worden, verloren gegangen oder sonst abhandengekommen" ist. Die Begriffe „gestohlen" und „verloren" sind dabei nur Unterfälle des Abhandenkommens. In diesen Fällen war der Gesetzgeber der Auffassung, dass die Interessen des besonders schutzwürdigen Eigentümers dem Schutz des Rechtsverkehrs vorgehen. Dieser Ausschluss des Gutglaubenserwerbs bezieht sich sowohl auf den ersten als auch auf jeden späteren Erwerber.

1. **Was ist unter Abhandenkommen zu verstehen?**
2. **Fallen auch der Besitzverlust aufgrund Drohung, arglistiger Täuschung, Irrtums darunter?**

1. Abhandenkommen liegt vor, wenn der unmittelbare Besitzer seinen Besitz ohne, nicht notwendig gegen seinen Willen verliert. War der **Eigentümer** selbst **unmittelbarer Besitzer, so gilt § 935 I S. 1**; war er hingegen **nur mittelbarer Besitzer** und sein Besitzmittler unmittelbarer Besitzer, **so gilt § 935 I S. 2. Maßgebend ist** danach immer der **Besitzverlust des unmittelbaren (!) Besitzers**. Gibt der **Besitzmittler** daher den Besitz **freiwillig** auf, so liegt **kein Abhandenkommen** vor. Für die **Freiwilligkeit** kommt es nach h.M. gem. **§ 828 III analog** auf die Einsichtsfähigkeit an (vgl. SachenR II, Rn. 77 ff.).

Ist der Eigentümer nur unmittelbarer Mitbesitzer und gibt diesen freiwillig auf, scheitert ein späterer gutgläubiger Erwerb nicht deshalb, weil der eigentumslose Mitbesitzer den unmittelbaren Besitz unfreiwillig verloren hat, BGH, Life&Law 2014, 253 ff.

Problematisch ist es, wenn ein **Besitzdiener die Sache ohne oder gegen den Willen des Besitzherren weggibt**. Nach der **h.M.** liegt ein **Abhandenkommen** vor, **da** nach der Konzeption des Gesetzes der **Besitzdiener keinen Besitz hat**. Es ist mithin auf den Besitzherren abzustellen. Für diesen war der Besitzverlust unfreiwillig. Die Gegenansicht ist abzulehnen, da sie die Grenzen zwischen Besitzdiener und Besitzer verwischt. Für die Klausur kann es daher von entscheidender Bedeutung sein, ob der Veräußernde z.B. als Angestellter eines Betriebs im konkreten Fall Besitzmittler oder Besitzdiener ist.

Gibt ein **Organ einer juristischen Person** eine Sache unter Überschreitung seiner Befugnisse weg, so liegt **kein Abhandenkommen** vor. Dies liegt an den Besonderheiten des Organbesitzes.

Zu den Problemen beim Erbschaftsbesitzer gem. § 857 vgl. KK 43 und SachenR II, Rn. 85.

2. Die bloße **arglistige Täuschung oder** ein **Irrtum** bei der Weggabe der Sache begründen **kein Abhandenkommen**, eine **Drohung** nach der **Rspr**. **nur** dann, **wenn** sie so intensiv ist, dass sie gewissermaßen unwiderstehlicher Gewalt, also **vis absoluta**, gleichkommt. Die **Lit**. neigt dagegen dazu, bei Drohung **immer** ein **Abhandenkommen** zu bejahen.

hemmer-Methode: Der Ausschluss des Gutglaubenserwerbs gem. § 935 I gilt gem. § 935 II nicht bei Geld (Ausnahme: Sammlermünzen als Zahlungsmittel, BGH, Life&Law 2013, 730 ff.), Inhaberpapieren und beim Erwerb im Rahmen einer öffentlichen Versteigerung gem. § 383 III. Bei der Versteigerung im Rahmen der Zwangsvollstreckung gelten die §§ 932 ff. dagegen von vornherein nicht, da hier die Eigentumsübertragung kraft Hoheitsaktes erfolgt. Weil die Umlauffähigkeit dieser Sachen vorrangig ist, soll selbst einem bestohlenen Eigentümer der Verlust des Eigentums durch gutgläubigen Erwerb eines Dritten zugemutet werden.

IV. Gutgläubiger Erwerb

Die einzelnen Gutglaubenstatbestände

Die §§ 932 ff. überwinden, wie gesagt, nur die fehlende Berechtigung, nicht aber sonstige Mängel des Erwerbstatbestandes nach den §§ 929 - 931. Daher sind die §§ 932 ff. neben dem vollen Tatbestand der §§ 929 - 931 zu prüfen, sofern die Berechtigung fehlt. Dabei hat der Gesetzgeber in den §§ 932 ff. für jeden Übereignungstatbestand gem. §§ 929 ff. einen Gutglaubenstatbestand geschaffen. § 932 S. 1 gilt nur bei § 929 S. 1, § 932 S. 2 nur bei § 929 S. 2, § 933 nur bei § 930 und § 934 nur bei § 931.

Erläutern Sie die einzelnen Gutglaubenstatbestände.

1. Bei **§ 932 I S. 1** ergeben sich **keine besonderen Voraussetzungen**. Anzumerken ist nur, dass **§ 932 I S. 1 auch beim Geheißerwerb** gilt, also auch ein gutgläubiger Geheißerwerb möglich ist. Dies ist beachtlich, da Rechtsscheinsträger grds. der Besitz ist. Besitz hat der Veräußerer jedoch beim Geheißerwerb gerade nicht (vgl. KK 28). Der Veräußerer ist vielmehr nur in der Lage, einen Dritten, den Besitzer, zu veranlassen, dem Erwerber den Besitz zu verschaffen. **Daraus ergibt sich, dass auch die bloße Besitzverschaffungsmacht Rechtsscheinsträger ist**.

2. Nach **§ 932 I S. 2** ist **zusätzlich erforderlich**, dass der **Erwerber den Besitz von dem Veräußerer erlangt** hat. Dabei reicht es jedoch aus, wenn der Veräußerer mittelbarer Besitzer war und der Erwerber den unmittelbaren Besitz von dem Besitzmittler erhalten hat.

3. Bei **§ 933**, wo im Grundfall des § 930 der Erwerber nur mittelbaren Besitz erhält, findet ein **gutgläubiger Erwerb erst dann statt, wenn der Erwerber die Sache von dem Veräußerer übergeben erhält. Übergabe heißt dabei dasselbe wie bei § 929 S. 1. Wichtig ist** vor allem, dass der **Veräußerer sich jeglicher Besitzposition entledigt.** Ferner muss diese **Übergabe durch den Veräußerer oder auf dessen Veranlassung** geschehen. Es genügt nicht, wenn der Erwerber sich die Sache später einfach nimmt (vgl. SachenR II, Rn. 100). Abweichend vom Grundsatz ist hier für den **Zeitpunkt der Gutgläubigkeit erst die Übergabe i.S.d. § 929 S. 1 relevant**; das kann lange nach der Übereignung gem. §§ 929, 930 sein.

4. Bei **§ 934** sind **zwei Fälle** streng zu unterscheiden. War der **Veräußerer mittelbarer Besitzer (1. Alt.), so erwirbt der Erwerber sogleich mit der Übereignung gem. § 931 gutgläubig** Eigentum. Wie auf KK 31 gesehen, kann eine Übereignung gem. § 931 auch stattfinden, wenn der **Veräußerer nicht mittelbaren Besitz** hatte. Dann ist **für einen gutgläubigen Erwerb zusätzlich** zu § 931 noch **erforderlich, dass der Erwerber den Besitz von dem Dritten, dem ursprünglichen Besitzer, erlangt**. Dabei reicht es, wenn der Erwerber mittelbaren Besitz vom Dritten erhält (vgl. SachenR II, Rn. 106 ff.). **Relevanter Zeitpunkt** für die Gutgläubigkeit ist hier die **Erlangung des Besitzes** von dem Dritten.

hemmer-Methode: Vom gutgläubigen Geheißerwerb bei §§ 929 S. 1, 932 ist streng der gutgläubige Scheingeheißerwerb zu unterscheiden. Beim ersten liegt tatsächlich ein Geheiß vor, während beim zweiten Fall nur der Anschein erweckt wird, als handele jemand auf Geheiß eines anderen; vgl. dazu KK 28.

IV. Gutgläubiger Erwerb

Rückerwerb vom Nichtberechtigten

Grds. erwirbt derjenige, der gutgläubig Eigentum erlangt, uneingeschränktes Eigentum. Er kann von dem ehemaligen Eigentümer nicht weiter belangt werden. Insbesondere hat er mit dem gutgläubigen Erwerb, womit ja das Eigentum des vormaligen Eigentümers zerstört wurde, den Tatbestand des § 823 I nicht verwirklicht und ist grds. auch keinen bereicherungsrechtlichen Ansprüchen ausgesetzt.

Übereignet der gutgläubige Erwerber die Sache an denjenigen, der nichtberechtigt über die Sache verfügt hatte, zurück, so erwirbt dieser grds. vom Berechtigten und erlangt damit ganz normal gem. §§ 929 ff. Eigentum.

1. **Gibt es Ausnahmen von diesem Grundsatz? Wenn ja, welche?**
2. **Wie lässt sich dies begründen?**

1. Ja, es gibt **drei Fälle**, in denen dieser **Grundsatz nach weit verbreiteter Meinung durchbrochen** wird (vgl. SachenR II, Rn. 109 ff.):

Erstens ist dies der Fall, wenn die **Sache bewusst und geplant hin- und herübereignet** wurde, um den Nichtberechtigten zum Berechtigten zu machen; also wenn der gutgläubige Erwerber vom Nichtberechtigten quasi als „Waschanlage" benutzt wird.

Zweitens ist dies der Fall, wenn der **Vertrag, aufgrund dessen** die Sache dem gutgläubigen Erwerber **übereignet** wurde, **rückabgewickelt** wird.

Drittens erhält der alte Eigentümer sein Eigentum zurück, wenn die **Übereignung von Anfang an nur vorläufiger Natur sein sollte**, wie dies z.B. bei der Sicherungsübereignung der Fall ist.

2. Die **Begründungen** für dieses durchaus billige Ergebnis **variieren erheblich**. Teilweise wird so argumentiert, dass **beim Rückerwerb der ursprünglich Nichtberechtigte ein „Geschäft für den, den es angeht", also für den alten Eigentümer führt.** Man könnte auch versuchen, dieses Ergebnis **über § 139** oder **über eine teleologische Reduktion des § 932** zu begründen. Insbesondere mit dem **Verweis auf das Abstraktionsprinzip** kann man aber diese Begründungen auch ablehnen und damit **keine Durchbrechungen des Rückerwerbs** zulassen (vgl. SachenR II, Rn. 109). Dann bleibt es lediglich bei den schuldrechtlichen Ausgleichsansprüchen des alten Eigentümers.

Für den Fall einer auflösend bedingten Übereignung ergibt sich der automatische Rückerwerb des ehemaligen Eigentümers freilich bereits aus dem Gesetz, § 158 II a.E.

hemmer-Methode: Bei diesem examenstypischen Problem sollten Sie beide Ansichten kennen und sich in der Klausur taktisch entscheiden. Denn ein „richtig" oder „falsch" gibt es hierbei nicht. Auch wenn Sie im Ergebnis der Ansicht folgen, die bei der Rückübertragung einen Rückerwerb des ursprünglich Berechtigten annimmt, sollten Sie als Ausgangspunkt Ihrer Darstellung darauf hinweisen, dass das gutgläubig erworbene Eigentum grds. voll- und allen anderen Formen gleichwertiges Eigentum darstellt.

IV. Gutgläubiger Erwerb

Gutgläubiger Scheingeheißerwerb (BGH NJW 74,1132)

Grundsätzlich ist ein gutgläubiger Erwerb auch beim Geheißerwerb möglich, denn der Veräußernde hat die als Rechtsscheinsgrundlage erforderliche Besitzverschaffungsmacht.

Wie ist es aber in diesem Fall:

C erklärt seinem Freund B, dass er ihm ein Auto schenken wolle. Sie einigen sich bereits darüber und über den Eigentumsübergang. Das Auto solle nur noch geliefert werden, so dass B in diesem Moment von C das Eigentum erlange. Daraufhin geht C zu dem Autohaus A und sagt ihnen, dass der B ein Auto Probe fahren wolle; man solle ihm den Pkw vorbeibringen. Das geschieht dann auch, ohne dass die Täuschung aufgedeckt wurde.

Hat der B gutgläubig Eigentum an dem Pkw erlangt?

B könnte **Eigentum gem. § 929 S. 1** erlangt haben. Diese Übereignung kann aber nicht vom Autohaus A erfolgt sein, da dieses bei der Übergabe keine Willenserklärung abgegeben hat und es somit diesbezüglich bereits an der Einigung fehlt.

Eine **dingliche Einigung** hat jedoch **zwischen B und C** stattgefunden. Auch eine **Übergabe i.S.d § 929 S. 1 hat stattgefunden**. Denn B hat (unmittelbaren Besitz) auf Veranlassung des C erhalten.

C war jedoch **nicht Berechtigter**, da er weder Eigentümer noch gem. § 185 ermächtigt war. Das Fehlen der Berechtigung könnte jedoch **durch § 932 überwunden** worden sein. **B war auch gutgläubig**. Weitere Voraussetzungen hat § 932 I S. 1 nicht.

Dennoch erscheint es **fraglich, ob ein gutgläubiger Erwerb** tatsächlich stattgefunden hat. Denn das **Autohaus hat sich nicht tatsächlich dem Willen des C untergeordnet und auf dessen Geheiß gehandelt**, sondern es bestand **lediglich der Anschein eines Geheißes**. Der **BGH hat dies** dennoch in dem Hemdenfall (vgl. SachenR II, Rn. 94) **ausreichen lassen**. Denn der äußere Anschein einer Unterordnung müsse **aus Gründen des Verkehrsschutzes** genügen.

Von der **Lit.** wird dies **dagegen** weitgehend abgelehnt. Denn der **Rechtsscheinsträger Besitzverschaffungsmacht ist hier nicht wirklich gegeben**, da keine tatsächliche Unterordnung und damit kein Geheiß vorliege. Und **der gute Glaube an das Bestehen eines Geheißes könne nicht geschützt werden**. Dies wäre natürlich kein guter Glaube aufgrund eines Rechtsscheinsträgers, sondern nur an sein Vorliegen.

Dagegen spricht freilich wiederum, dass C sich den Wagen auch tatsächlich hätte ausleihen und an B übereignen können (wenn man gerade beim PKW einmal von der Problematik der Zulassungsbescheinigung absieht).

hemmer-Methode: Wie Sie sich entscheiden, hängt von der Klausurtaktik ab. Machen Sie bei der Erörterung in einem solchen Fall immer deutlich, von wem ein Eigentumserwerb stattfinden soll. Unterscheiden Sie streng eine evtl. Einigung mit dem Berechtigten (hier A), bei der es dann auf Gutgläubigkeit nicht ankommt, und der mit dem Nichtberechtigten! Je nach den näheren Umständen des Sachverhalts ist es auch denkbar, das Vorliegen eines scheinbaren Übereignungstatbestandes abzulehnen: da zu einer Probefahrt zumindest der Fahrzeugbrief nicht übergeben wird, kann B eigentlich von einer Übereignung kaum ernsthaft ausgehen.

IV. Gutgläubiger Erwerb

Der „gute Glaube an die Verfügungsbefugnis“

Im Regelfall gibt sich der nichtberechtigte Veräußerer selbst als Eigentümer aus. Es sind jedoch auch folgende Fälle denkbar (vgl. auch SachenR II, Rn. 71 f.):

1. V will K einen Tisch verkaufen, sagt jedoch gleich, dass er (V) nicht Eigentümer sei, sondern S, der auch wirklich Eigentümer ist. Er behauptet, S habe ihn zum Verkauf ermächtigt, was nicht stimmt.
2. Wie im Ausgangsfall; S ist jedoch in Wirklichkeit nicht Eigentümer. Eigentümer E hat ihm den Tisch vielmehr nur geliehen, so dass auch S den unmittelbaren Besitz hat. S ermächtigt den V in Gegenwart des K zur Übereignung.
3. Wie Fall 2; nur hat E den Tisch dem V geliehen, so dass dieser Besitzer ist und nicht der S.

Ist jeweils ein gutgläubiger Erwerb möglich?

1. Im **Ausgangsfall** ist ein **gutgläubiger Erwerb nicht** möglich. Der **gute Glaube bezieht sich nämlich grds. darauf, dass der Veräußernde Eigentümer ist**. Das ist hier nicht mehr möglich, da der V den K über sein fehlendes Eigentum aufgeklärt hat. Der durch den Besitz vermittelte Rechtsschein (§ 1006) wurde somit von V selbst zerstört. **Der bloße gute Glaube daran, dass der E den V gem. § 185 ermächtigt habe, ist hingegen von den §§ 932 ff. nicht geschützt**. *Etwas anderes gilt nur bei § 366 HGB* (vgl. SachenR II, Rn. 72; KK 34, 35).

2. Anders liegt hingegen der **zweite Fall**. Hier liegt wirklich eine Ermächtigung vor, von der der **K** auch weiß. Allerdings **vertraut** er nicht auf das Eigentum des unmittelbar Verfügenden, sondern **auf das Eigentum des Ermächtigenden**. Geht man **vom Wortlaut des § 932** aus, so **wäre dieser Fall nicht erfasst** und mithin ein gutgläubiger Erwerb von vornherein ausgeschlossen. Die **h.M. geht jedoch über den Wortlaut hinaus**: Da der Gutglaubenstatbestand der Besitz oder auch die Besitzverschaffungsmacht ist und **der Ermächtigende dadurch legitimiert ist, dass er Besitzer ist**, **muss auch hier ein gutgläubiger Erwerb möglich sein** (vgl. SachenR II, Rn. 73). Der Fall kann nicht anders behandelt werden, als wenn der S unmittelbar ohne Einschaltung des V die Sache dem K übereignet hätte. Dann aber wäre ein gutgläubiger Erwerb ohne weiteres möglich gewesen.

3. In der **zweiten Abwandlung** verhält es sich wieder anders. Der **Ermächtigende S ist hier nicht durch die Innehabung des Besitzes legitimiert**. **Ihm fehlt** daher der **Rechtsscheinsträger**, an den die Vermutung der materiellen Berechtigung anknüpft. Daher kann seine Ermächtigung **keinen Gutglaubenserwerb** zur Folge haben. *Hätte er dagegen immerhin mittelbaren Besitz gehabt, so wäre auch hier gutgläubiger Erwerb möglich gewesen.*

hemmer-Methode: Die Fälle sind komplex, aber bei sorgfältiger Prüfung „in den Griff zu bekommen": Wenn Sie immer herausarbeiten, wer als Berechtigter auftritt und auf welchen Rechtsscheinsträger vermeintliches Eigentum gestützt wird, kommen Sie zu einer vertretbaren Lösung. Unterscheiden Sie diese Fälle außerdem von den Fällen des Geheißerwerbs kraft scheinbaren Geheißes. Bei diesen scheidet ein Gutglaubenserwerb nach richtiger Auffassung aus (vgl. KK 39).

IV. Gutgläubiger Erwerb

Der Eigentümer ohne Verfügungsbefugnis

Grds. ist der Eigentümer verfügungsbefugt, da er gem. § 903 mit der Sache nach seinem Belieben verfahren kann. Davon gibt es jedoch Ausnahmen, bei denen der Gesetzgeber den Eigentümer mit einem Verfügungsverbot versieht. Solche Regelungen bestehen in § 2211 für den Erben, für den Testamentsvollstreckung angeordnet wurde, in § 135 II und § 136 für gesetzliche und behördliche (Verstrickung) Verfügungsverbote, sowie in den §§ 2113, 2129, 1365, 1369 geregelt sind. Partiell wird in diesen Regelungen auf die Gutglaubensvorschriften verwiesen, so dass die Verfügungsverbote überwunden werden können.

1. **Welche Besonderheiten gilt es dann bei der Anwendung der §§ 932 ff. BGB zu beachten?**
2. **Wie unterscheiden sich relative von sog. absoluten Verfügungsverboten?**

Frage 1:

Es handelt sich bei diesen Fällen **grundsätzlich** um eine **reguläre Anwendung der §§ 932 ff.** Allerdings ist bei der Terminologie des Gesetzes zu beachten, dass ungewöhnlicherweise immer dann, wenn von einem Nichtberechtigten die Rede ist, der Eigentümer gemeint ist. Davon darf man sich nicht durcheinander bringen lassen! Der **Berechtigte ist** hingegen **der Nichteigentümer**, **der über die Sachen des Eigentümers verfügen darf**, wie z.B. der Testamentsvollstrecker. Entsprechende Anwendung der §§ 932 ff. bedeuten dabei, dass sich der **gute Glaube nicht auf das Eigentum, sondern auf die Verfügungsbefugnis (d.h. also z.B. das Nichtvorliegen eines Verbots i.S.d. §§ 135, 136**) beziehen muss.

Frage 2:

Zunächst einmal unterscheiden sich die verschiedenen Verfügungsverbote in ihren Wirkungen voneinander. Die relativen führen dazu, dass die Verfügung nur im Verhältnis zu den geschützten Personen unwirksam, im Übrigen aber wirksam ist. Bei den absoluten Verfügungsverboten gibt es diese Differenzierung nicht. Die Verfügung scheitert komplett.

Daneben ist zu beachten, dass bei den **relativen** Verfügungsverboten **ein gutgläubiger Erwerb** vom verfügungsbeschränkten Eigentümer **möglich** ist, § 135 II BGB. Bei den **absoluten** Verfügungsverboten ist dies nur der Fall, wenn der Gesetzgeber dies ausdrücklich zulässt, vgl. z.B. § 2211 II BGB. Bei den §§ 1365, 1369 BGB ist dies nicht der Fall.

hemmer-Methode: Denken Sie immer in Zusammenhängen. Sie können Sachenrecht nicht unabhängig vom Familien- oder auch Handelsrecht lernen. Denn in eine sachenrechtliche Klausur lassen sich problemlos auch familienrechtliche Verfügungsbeschränkungen oder aber gutgläubiger Erwerb nach § 366 HGB einbauen.

Vom gutgläubigen Erwerb nach §§ 932 ff. zu unterscheiden ist die Frage, welche Kenntnis bei der Vorschrift des § 1365 zur Annahme des Vermögens nach der herrschenden subjektiven Einzeltheorie erforderlich ist (vgl. dazu FamilienR, Rn. 154).

IV. Gutgläubiger Erwerb

Gutgläubiger lastenfreier Erwerb

§§ 932 - 934 ermöglichen den Erwerb des Eigentums von einem Nichtberechtigten. § 936 dagegen ermöglicht es, dass bei einem Eigentumserwerb (sei es vom Berechtigten, sei es vom Nichtberechtigten) gleichzeitig die Rechte erlöschen, die auf der Sache gelastet haben, wie z.B. das Anwartschaftsrecht, das Vermieterpfandrecht, das Werkunternehmerpfandrecht, das Pfandrecht gem. §§ 1204 ff. oder das Pfändungspfandrecht nach der ZPO (vgl. SachenR II, Rn. 113 ff.). Dies wird gutgläubig lastenfreier Erwerb genannt.

Nennen Sie die Voraussetzungen eines gutgläubig lastenfreien Erwerbs.

1. Eigentumserwerb: Gem § 936 S. 1 muss derjenige, der lastenfrei gutgläubig erwerben will, zunächst das Eigentum an einer Sache erwerben. Dies vollzieht sich **gem. §§ 929 ff**. und kann **sowohl** einen Erwerb **vom Berechtigten als auch einen gutgläubigen Erwerb** vom Nichtberechtigten darstellen. Hinsichtlich des Eigentums gelten dann jedoch §§ 932 - 934, nicht § 936, der nur für die Belastungen gilt. Hier ist erforderlichenfalls **§ 935 das erste Mal zu berücksichtigen**: die Sache darf dem Eigentümer also nicht abhanden gekommen sein.

2. Zusätzliche Anforderungen gem. § 936 I S. 2, S. 3: Nach § 936 I S. 2, S. 3 werden, wie in den §§ 932 I S. 2 - 934, **besondere Anforderungen hinsichtlich des Besitzes** gestellt, je nachdem auf welche Weise sich der Eigentumsübergang vollzog (vgl. SachenR. II, Rn. 115). Diese **Anforderungen entsprechen voll den §§ 932 I S. 2 - 934** (vgl. KK 37).

3. Guter Glaube bzgl. der Lastenfreiheit, § 936 II: Hier ist **§ 932 II** hinsichtlich der Gutgläubigkeit zu prüfen, wobei der Maßstab unverändert ist. **Gegenstand des guten Glaubens** muss jedoch die **Lastenfreiheit** sein.

4. Kein Abhandenkommen für den Rechtsinhaber, § 935: Zwar ist § 935 in § 936 nicht erwähnt, aber er muss auch hier als allgemeine Regelung des Gutglaubenserwerbs gelten. § **935 kann hier also ein zweites Mal anzuwenden sein**. Dabei kommt es aber darauf an, ob die Sache dem Inhaber des Rechts, das „wegerworben“ werden soll, abhandengekommen ist.

5. Besonderheit bei §§ 931, 936 III: Im Falle der Eigentumsübertragung gem. §§ 929 S. 1, 931 **erlischt das Recht nicht, wenn der Rechtsinhaber besitzender Dritter ist**. Da er seinen unmittelbaren Besitz nie aufgegeben hat, ist er gegenüber dem Erwerber schutzwürdiger. Dieser muss mit Rechten/Einwendungen des Dritten rechnen, wenn er weiß, dass sich die Sache bei diesem befindet. Somit scheidet ein lastenfreier Erwerb aus.

Ist der **Dritte mittelbarer Besitzer** gewesen, ist der **lastenfreie Erwerb nur ausgeschlossen, wenn der Besitzmittler ihm weiterhin den Besitz gemittelt hat**.

hemmer-Methode: Trennen Sie in derartigen Fällen immer genau nach gutgläubigem Erwerb des Eigentums und gutgläubigem „Wegerwerb“ eines Rechts, das auf der Sache lastete. Dabei ist in der Klausur immer erst der Erwerb des Eigentums zu prüfen, da dieser Voraussetzung des § 936 ist. Scheitert bereits dieser, erübrigen sich weitere Ausführungen zu § 936.

IV. Gutgläubiger Erwerb

Gutgläubiger Erwerb beim Erbschein

Gutgläubiger Erwerb beweglicher Sachen kann sich auch nach anderen Vorschriften vollziehen, dazu folgender Fall:

Erblasser E hat eine wertvolle Vase in Besitz. Als er stirbt, wird er von R beerbt. S hält sich jedoch für den wahren Erben, beantragt einen Erbschein, § 2353, und erhält diesen auch. Daraufhin nimmt er die Vase in Besitz und veräußert sie zu 10.000,- an den gutgläubigen G, der weiß, dass es sich um einen Erbschaftsgegenstand handelt.

Hat G Eigentum erworben, wenn ...

1. **E Eigentümer der Sache war?**
2. **E die Vase geliehen hatte?**
3. **E die Vase gestohlen hatte?**

1. Auch wenn G den S für den (Erben und damit) Eigentümer hält, **scheidet ein gutgläubiger Erwerb nach §§ 932 ff. aus. R verliert** nämlich seinen (fiktiven) **Erbenbesitz nach § 857** gegen seinen Willen, **so dass ein Abhandenkommen i.S.d. § 935 I vorliegt**. Jedoch hat gem. § 2365 der **Erbschein** die Vermutung der Richtigkeit für sich und **stellt damit einen wirksamen Gutglaubensträger** dar (vgl. ErbR, Rn. 228 ff.). **Er soll dabei den Erwerber**, *der den Erbschein nicht gesehen haben muss, sondern nur das Bewusstsein benötigt, einen Erbschaftsgegenstand zu erwerben*, **so stellen, als ob er vom richtigen Erben erworben hätte**. Wäre der S Erbe, so hätte er als Eigentümer, § 1922, also als Berechtigter an den G übereignen können. **Das fehlende Erbrecht wird durch § 2366 überwunden**. G hat mithin gem. § 929 S. 1 i.V.m. § 2366 gutgläubig Eigentum erworben. **Dass die Vase dem wahren Erben R gem. §§ 857, 935 abhandengekommen ist, wird auch durch § 2366 überwunden**.

2. In dieser Variante war der Erblasser E nicht Eigentümer gewesen, so dass S, selbst wenn er Erbe gewesen wäre, nicht Eigentümer geworden wäre. Daher findet hier ein **doppelt gutgläubiger Erwerb** statt (vgl. SachenR II, Rn. 121 ff.): Das **fehlende Erbrecht wird gem. § 2366 überwunden** und das **fehlende Eigentum** bei einem gedachten Erbrecht **des S gem. § 932**. Ein Abhandenkommen liegt nicht vor, da E die Sache geliehen hatte und das Abhandenkommen des wahren Erben, §§ 857, 935, wiederum durch § 2366 überwunden wird.

3. In dieser Variante wäre **wiederum ein doppelt gutgläubiger Erwerb notwendig**, da S weder Erbe war noch bei gedachtem Erbe, Eigentümer gewesen wäre. Beides kann gem. § 932 und § 2366 überwunden werden. Da E jedoch **die Sache gestohlen** hatte und damit die Sache dem wahren Eigentümer abhandengekommen war, **steht hier § 935 einem gutgläubigen Erwerb gem. § 932 entgegen**. **G hat hier also kein Eigentum erwerben können, denn er hätte es auch von dem wahren Erben nicht erwerben können.**

hemmer-Methode: Unterscheiden Sie immer genau diese Fälle und prüfen Sie genau, welches Defizit mit welcher Vorschrift überwunden werden muss. Es sind auch vergleichbare Fälle denkbar, wo es nur auf § 932 ankommt: so wenn S wirklich Erbe gewesen wäre, aber der Erblasser nicht Eigentümer war. Dann wäre es ein grober Fehler, auch § 2366 ins Spiel zu bringen!

Auch die §§ 2366 ff. BGB setzen ein Verkehrsgeschäft voraus. Daran fehlt es bei Geschäften innerhalb einer (Schein-) Miterbengemeinschaft, BGH, Life&Law 2015, 814 ff.

Vgl. Sie als besondere Gutglaubensvorschrift auch § 366 HGB (vgl. SachenR II, Rn. 122).

IV. Gutgläubiger Erwerb

Der Fräsmaschinenfall (BGH NJW 1968,1382)

Zur abschließenden Vertiefung der §§ 929 - 935 noch der berühmte vom BGH entschiedene Fräsmaschinen-Fall (vgl. SachenR II, Rn. 107):

A veräußert eine Fräsmaschine unter Eigentumsvorbehalt an den B. B veräußert diese Maschine noch vor vollständiger Kaufpreiszahlung zur Sicherheit an seine Bank C (Sicherungsübereignung). Diese wiederum übereignet die Fräsmaschine gem. § 931 an den D, indem sie ihren Herausgabeanspruch abtritt. Die Sache ist immer noch bei B.

Hat D Eigentum an der Sache erworben?

Ursprünglicher **Eigentümer** war der **A**. Er hat sein **Eigentum** auch **nicht an B verloren**, da die Bedingung, unter der er die Übereignung vorgenommen hat, noch nicht eingetreten ist. **B hatte** mithin nur ein **Anwartschaftsrecht** erworben (vgl. dazu SachenR II, Rn. 136 ff.).

C könnte jedoch gutgläubig Eigentum von B erworben haben. Eine **Einigung** zwischen B und C lag vor. Ebenso ist ein **Übergabesurrogat gem. § 930 gegeben**, da die Sicherungsabrede bei der Sicherungsübereignung ein hinreichend konkretes Besitzmittlungsverhältnis gem. § 868 darstellt. Eine Ermächtigung gem. § 185 zur Übertragung des Eigentums lag nicht vor. Außerdem **konnte die C nicht gutgläubig erwerben, da hierfür § 933 gilt, der eine Übergabe voraussetzt**. **Eine solche hat jedoch nicht stattgefunden**, da B bis jetzt im unmittelbaren Besitz der Sache geblieben ist, mithin seinen Besitz nicht vollständig aufgegeben hat.

D könnte nun aber **von der C Eigentum erworben** haben. Eine Einigung und ein Übergabesurrogat **gem. § 931** liegen vor, indem die C dem D ihren Herausgabeanspruch gegen B aus dem Sicherungsvertrag mit diesem abgetreten hat. Die **C war jedoch**, wie gesehen, nicht Eigentümerin und mithin **Nichtberechtigte**, **so dass nur ein gutgläubiger Erwerb in Betracht kommt**. Dies richtet sich bei einer Übereignung gem. § 931 **nach § 934**. Bei § 934 ist danach zu **differenzieren, ob der Veräußerer mittelbarer Besitzer** war oder nicht**. Mittelbarer Besitz setzt ein Besitzkonstitut (hier: Sicherungsabrede) voraus**. Dieses ist nicht gem. § 139 nichtig, weil die Sicherungsübereignung gescheitert ist, denn das bloße Scheitern bedeutet keine Nichtigkeit i.S.d. § 139 (vgl. auch SachenR II, Rn. 107).

Der gutgläubige Erwerb könnte jedoch daran scheitern, dass D durch die Abtretung, § 870 BGB, nur mittelbaren Nebenbesitz erlangt hat. Grundsätzlich sind die Gutglaubensvorschriften dadurch geprägt, dass derjenige, der erwerben möchte (hier D), eine bessere Besitzposition erlangen muss, als derjenige (hier A), der das Eigentum verliert („näher dran sein"). **Nebenbesitz** soll sich dabei ergeben**, weil der B sowohl dem A als auch der C (nach Abtretung D) gegenüber dazu verpflichtet ist, den Besitz zu mitteln**. Damit hätten A und D dieselbe Besitzposition, D wäre nicht „näher dran". **Mittelbarer Nebenbesitz ist als Besitzform jedoch abzulehnen, da ein Besitzmittler immer nur einer Person die Sache herausgeben kann und somit nur Besitzmittler für eine Person sein kann** (vgl. auch SachenR II, Rn. 107). Dies tut B hier für die C, da B mit der Sicherungsübereignung den Besitzmittlungswillen für A erkennbar aufgegeben hat. Im Übrigen verstößt der mittelbare Nebenbesitz gegen den numerus clausus des Sachenrechts. § 934 Alt. 1 ist daher erfüllt. **D hat somit gutgläubig von C Eigentum erworben.**

hemmer-Methode: Der Nebenbesitz muss als Klassiker des Sachenrechts bekannt sein.

IV. Gutgläubiger Erwerb

Der gutgl. Erwerb von Pkw

Ein beliebtes und mehrfach in der Rspr. diskutiertes Problem ist die Frage, wann der Erwerber eines Pkw gutgläubig ist und wie weit seine Erkundigungspflichten reichen, um die Bösgläubigkeit auszuschließen.

1. K (= Käufer) sieht den Fahrzeugbrief des Gebraucht-Pkw, in dem E (= Eigentümer) eingetragen ist, gar nicht ein.
2. K sieht den Fahrzeugbrief des Gebraucht-Pkw, in dem E eingetragen ist, ein und lässt sich damit beruhigen, dass V (= Verkäufer) den Wagen von E erworben habe, aber die Umschreibung aus Kostengründen bisher unterlassen habe. Keine weiteren Erkundigungen.
3. V verkauft als Privatier einen Neuwagen, bei dem noch gar keine Haltereintragung im Kfz-Brief vorgenommen wurde, 20% unter dem üblichen Mindestverkehrswert an den Kfz-Händler K, der keine weiteren Erkundigungen vornimmt.

Ist in den genannten Fällen ein gutgläubiger Erwerb möglich?

Fall 1:

Ein **gutgläubiger Erwerb ist ausgeschlossen**, da der K das außer Acht gelassen hat, was jedem hätte einleuchten müssen, mithin grob fahrlässig gehandelt hat, § 276 I S. 1 . Denn bei dem **Kauf eines gebrauchten Pkw** ist immer **zumindest die Einsichtnahme in den Kfz-Brief erforderlich,** vgl. BGH Life&Law 2007, 89 ff.

Fall 2:

Auch im zweiten Fall ist der **K nicht gutgläubig** gewesen. Zwar hat er den Kfz-Brief eingesehen und damit zumindest den ersten Teil seiner Pflichten erfüllt. **Doch muss der Käufer, wenn der Veräußerer nicht selbst in dem Brief eingetragen ist, weitere Erkundigungen einziehen, wenn die Umstände der Veräußerung zweifelhaft sind,** und sich ggf. mit dem Eingetragenen in Verbindung setzen, um sich zu vergewissern, ob der Veräußerer tatsächlich berechtigt ist, BGH NJW 1991, 1415. Weitere Erkundigungen sind i.d.R. aber nicht erforderlich, wenn von einem Händler erworben wird, da dieser sich der Natur der Sache entsprechend nach Erwerb nicht eintragen lässt.

Fall 3:

Wiederum stellt sich die **Frage, ob K bösgläubig** war (abgesehen von der jeweils anschließend zu prüfenden, aber hier irrelevanten Frage des § 935). Grds. geht die Rechtsprechung davon aus, dass beim **Kauf eines Neuwagens** eine **Einsicht in den Kfz-Brief nicht erforderlich** ist, da dort nie eine Eintragung vorliegt. Dies gilt jedoch nur beim Erwerb von Neu-Pkw von Vertragshändlern des Herstellers uneingeschränkt. Denn nur bei diesen könne jeder wie selbstverständlich davon ausgehen, dass sie den Wagen unmittelbar vom Hersteller erhalten haben. **Verkauft jedoch eine Privatperson, die sonst gewöhnlich nicht mit Neu-Pkw handelt, so drängen sich die Zweifel geradezu auf. Dies gilt insbesondere bei der Preisgestaltung! (BGH NJW 1996, 314).**

hemmer-Methode: Der BGH betont bei seinen Entscheidungen immer, dass es auf den jeweiligen Einzelfall ankommt. Lernen Sie insoweit nicht schematisch, sondern wägen Sie in der Klausur alle Umstände des Einzelfalls ab. Wäre der Preis im 3. Fall nicht so gering und ansonsten ein plausibler Grund für den Verkauf eines Neuwagens durch einen Privaten ersichtlich (z.B. PKW-Gewinn in der Lotterie), so könnte auch anders zu entscheiden sein. Ist der Fahrzeugbrief gefälscht, kommt gutgläubiger Erwerb in Betracht, wenn nicht sonstige Umstände für eine grobe Fahrlässigkeit des Erwerbers sprechen, BGH, Life&Law 2013, 557 ff.

V. Eigentumserwerb kraft Gesetzes

Überblick

Eigentum kann nicht nur derivativ durch Zusammenwirken des vorherigen Eigentümers mit dem Eigentumsnachfolger erworben werden. Das Gesetz sieht auch in einer Vielzahl von Fällen einen originären, nur auf das Gesetz gestützten Eigentumserwerb vor.

Was sind die wichtigsten Fälle eines gesetzlichen Eigentumserwerbs?

Die **wichtigsten Fälle sind** (vgl. SachenR II, Rn. 252 f.):

1. Die **Ersitzung, §§ 937 - 945**, bei der der gutgläubige Eigenbesitzer aus Gründen der Rechtssicherheit nach Ablauf einer bestimmten Zeit Eigentum erwerben soll.

2. Die **Verbindung/Vermischung/Verarbeitung, §§ 946 - 952**, bei der aus Gründen der Rechtssicherheit und fehlender Sonderrechtsfähigkeit das Eigentum vereinheitlicht wird.

3. Der **Erwerb von Erzeugnissen und Bestandteilen, §§ 953 - 957**, in denen die Eigentumszuordnung von Erzeugnissen/Bestandteilen geregelt wird (wobei § 956 BGB nach h.M. kein gesetzlicher Erwerbstatbestand ist, vgl. KK 51).

4. Die **Aneignung, §§ 958 - 964**, wo der Eigentumserwerb geregelt wird, wenn eine Sache herrenlos ist, also niemand mehr vorhanden ist, mit dem man zum derivativen Erwerb zusammenwirken könnte.

5. Der **Fund, §§ 965 - 984**, wo unter bestimmten Voraussetzungen der Finder Eigentum erwerben soll.

6. Die erbrechtliche **Universalsukzession gem. § 1922**, bei der der Erbe automatisch in die Rechtsstellung des Erblassers einrückt.

7. Die **Zwangsvollstreckung**, wo der Ersteigerer kraft Hoheitsaktes das Eigentum zugewiesen erhält.

8. Einige Fälle der **dinglichen Surrogation**, in denen das Eigentum an einer Sache sich an einer anderen Sache fortsetzt, die an die Stelle der anderen Sache getreten ist, vgl. **z.B. §§ 2019, 1646, 1048 I S. 2.**

hemmer-Methode: Die meisten dieser Fälle sind nicht besonders examensrelevant, so dass es ausreicht, wenn man hier genau subsumiert. Detailkenntnisse werden regelmäßig nicht verlangt. Einzelne Probleme tauchen aber trotzdem immer wieder auf und sollen deshalb auf den folgenden Karten vertieft werden.

V. Eigentumserwerb kraft Gesetzes

Ersitzung

Der Eigentumserwerb durch Ersitzung ist in den §§ 937 ff. normiert. Sinn und Zweck dieser Regelungen besteht darin, Rechtssicherheit und nach einer gewissen Zeit eine klare Eigentumslage herbeizuführen. Dies gilt insbesondere, wenn ansonsten darüber gestritten werden müsste, ob der Eigentumserwerb wirksam war oder nicht.

1. **Nennen Sie die Voraussetzungen der Ersitzung.**
2. **Welche Rechtsfolgen ergeben sich daraus?**
3. **Was geschieht mit schuldrechtlichen Ansprüchen auf Rückübereignung?**

1. Voraussetzung einer Ersitzung ist (vgl. auch SachenR II, Rn. 255 ff.):

■ **Eigenbesitz an einer beweglichen Sache**: Eigenbesitz heißt **gem. § 872**, dass der Ersitzende nicht für einen anderen besitzen wollte.

■ **Dieser muss zehn Jahre gedauert haben: Das Gesetz stellt einige Regeln auf, durch die es erleichtert wird, seinen 10-jährigen Eigenbesitz nachzuweisen**. Nach **§ 938** muss der Ersitzende nur beweisen, dass er am Anfang und am Ende dieser Zeit Eigenbesitz hatte. Denn für die Zwischenzeit wird dies vom Gesetz vermutet. Ebenso werden dem Eigenbesitzer die Eigenbesitzzeiten eines Rechtsvorgängers gem. **§ 943** zugerechnet. Dies spielt insbesondere bei Veräußerungsketten, die alle an § 935 scheitern, ein Rolle. Das Gleiche gilt für Besitzzeiten des Erbschaftsbesitzers zugunsten des wahren Erben, § 944. § 939 - 942 regeln weitere Einzelheiten der Fristberechnung (vgl. SachenR II, Rn. 256).

■ **Guter Glaube des Ersitzenden, §§ 937 II, 932 II**: Dieser wird vom Gesetz vermutet und muss sich auf sein Eigentum beziehen, nicht auf sein Recht zum Besitz. Ab Erlangung des Eigenbesitzes schadet nicht mehr grob fahrlässige Unkenntnis der fehlenden Berechtigung, sondern nur noch positive Kenntnis.

2. Die Rechtsfolgen bestehen darin, dass der Ersitzende Eigentum erlangt. **Ebenso erlöschen die Rechte Dritter**, die auf der Sache lasteten, sofern der Ersitzende auch diesbezüglich gutgläubig und die 10-Jahresfrist abgelaufen war.

3. Vertragliche Ansprüche bleiben unberührt. **Das Schicksal von deliktischen Ansprüchen ist umstritten. Die h.M**. **lässt sie jedoch fortbestehen**, während eine M.M. solche wegen einfacher oder grober Fahrlässigkeit ausschließen will (vgl. SachenR II, Rn. 257 ff., Palandt, v. § 937, Rn. 2). **Ansprüche aus Eingriffskondiktion erlöschen** nach allg. Ansicht, **solche aus Leistungskondiktion** nach umstrittener, aber wohl h.M. **hingegen nicht**.

hemmer-Methode: Der bisherige Streit, ob nach Ersitzung gem. § 937 Ansprüche aus § 812 ff. möglich sind, hat an Praxisrelevanz verloren. Gem. §§ 195, 199 IV verjähren nämlich Bereicherungsansprüche spätestens in zehn Jahren (Palandt, § 199, Rn. 40), weswegen sie also im Zeitpunkt der Ersitzung jedenfalls nicht mehr durchsetzbar sind. Theoretisch kann sich das Problem noch dann stellen, wenn die Fristen gehemmt waren. Die Regelungen gelten auch hinsichtlich der Höchstfristen.

V. Eigentumserwerb kraft Gesetzes

Verbindung

Die §§ 946, 947 regeln den Eigentumserwerb, wenn eine Sache mit einer anderen so verbunden wird, dass die eine wesentlicher Bestandteil der anderen wird bzw. beide wesentliche Bestandteile einer einheitlichen Sache werden. Diese Regelung ist die zwingende Folge des § 93, wonach wesentliche Bestandteile einer Sache nicht sonderrechtsfähig sind. Die §§ 946, 947 können nicht abbedungen werden.

Nennen Sie Voraussetzungen und Folgen beider Vorschriften.

1. Die Voraussetzungen:

■ **§ 946: Eine bewegliche Sache muss mit einem Grundstück dergestalt verbunden werden, dass sie wesentlicher Bestandteil des Grundstücks geworden ist**. Dies richtet sich **nach den §§ 93 - 95** (vgl. KK 5; SachenR I, Rn. 87 ff., II, Rn. 264 ff.). Wichtig ist dabei, dass es auch ausreicht, wenn eine Sache wesentlicher Bestandteil eines Hauses wird (§ 94 II BGB), da dieses selbst wesentlicher Bestandteil des Grundstücks ist und damit die eingebaute Sache ebenso wesentlicher Bestandteil des Grundstücks geworden ist, vgl. BGH, Life&Law 2013, 257 ff. *Dabei ist es unerheblich, wer die Verbindung vornimmt oder auf wessen Veranlassung dies geschieht. Ebenso kommt es auf die Gutgläubigkeit nicht an.*

■ **§ 947: Mehrere bewegliche Sachen** müssen dergestalt **miteinander verbunden** werden, dass sie zu wesentlichen Bestandteilen einer **einheitlichen Sache** werden. Ob dies der Fall ist, **richtet sich nach § 93**, *nicht aber nach §§ 94, 95.*

2. Die Rechtsfolgen:

■ von **§ 946** bestehen darin, dass der **Eigentümer des Grundstücks kraft Gesetzes Eigentümer der Sache** wird.

■ Für **§ 947** ist zu **differenzieren**: War **eine Sache die Hauptsache**, so erwirbt **deren Eigentümer das Alleineigentum** an der einheitlichen Sache**, § 947 II.** War dagegen **keine Sache Hauptsache**, so erhalten **beide Eigentümer Miteigentum** nach dem Verhältnis der Werte, **§ 947 I**.

Einheitlich gilt für beide Vorschriften der § 949: **Danach erlöschen mit dem Eigentumserwerb die Rechte Dritter**, **z.B. ein Anwartschaftsrecht** an der eingebauten Sache, § 949 S. 1. Im Fall des § 946 und des § 947 II erstrecken sich die Belastungen der Hauptsache/des Grundstücks nun auch auf die neue Sache, § 949 S. 3. War das Grundstück also mit einer **Hypothek** belastet, so **erstreckt sich** diese **auch auf die eingebaute Sache**. Entsteht hingegen Miteigentum, so erstrecken sich die Belastungen der ursprünglichen Sache nur auf den jeweiligen Miteigentumsanteil, § 949 S. 2.

hemmer-Methode: Als weitere Folge dieser Eigentumsveränderungen ergeben sich schwierige bereicherungsrechtliche Rückabwicklungsprobleme über § 951 (vgl. dazu BereicherungsR, Rn. 45 ff.).

V. Eigentumserwerb kraft Gesetzes

Vermischung

Ebenso wie bei der Verbindung gem. §§ 946, 947 kann ein gesetzlicher Eigentumserwerb auch durch die Vermischung oder Vermengung, § 948, eintreten. Sinn dieser Regelung, die nicht notwendig auf § 93 beruht, ist es, wirtschaftlich sinnlose Maßnahmen zum Auseinanderdividieren von Eigentumsmassen zu vermeiden. Auch § 948 ist zwingender Natur, kann also nicht abbedungen werden.

1. **Erläutern Sie die Voraussetzungen des § 948!**
2. **Was sind die Rechtsfolgen?**
3. **Nennen Sie Beispiele!**

1. Voraussetzungen des § 948 (vgl. SachenR II, Rn. 270 ff.):

■ Zum einen ist es erforderlich, dass **Sachen von mehreren Eigentümern vermischt oder vermengt** worden sind. Der Tatbestand der **Vermischung** bezieht sich dabei auf **Flüssigkeiten oder Gase**, während der Tatbestand der **Vermengung** sich auf **feste Stoffe** wie Sand bezieht.

■ Zum anderen ist eine **Untrennbarkeit** erforderlich. Diese Untrennbarkeit **kann entweder tatsächlicher Natur sein, § 948 I, oder aber aufgrund der Untrennbarkeitsfiktion des § 948 II wirtschaftlicher Natur** sein. Letzteres ist dann der Fall, wenn mit der **Trennung unverhältnismäßige Kosten** verbunden sind. *An dieser Regelung zeigt sich vor allem der Zweck der Vorschrift, wirtschaftlich unsinnige Maßnahmen zu vermeiden.*

2. Die Rechtsfolgen:

■ bestehen **wie bei § 947** darin, dass **Alleineigentum einer Person** entsteht, **wenn ein Teil** als **Hauptsache** angesehen werden kann, und **Miteigentum** nach dem Wertverhältnis entsteht, **wenn dies nicht der Fall ist**. Ob ein Teil Hauptsache ist, richtet sich nach der Verkehrsauffassung. Beispielsweise: Gerbstoff ist im Verhältnis zum Leder von untergeordneter Bedeutung, so dass der Eigentümer des Leders Alleineigentümer bleibt.

■ **§ 949 gilt auch** bei § 948 (vgl. KK 48).

3. Beispiele:

Werden **zwei Sandhaufen** verschiedener Eigentümer ineinander geschüttet, so liegt tatsächliche Untrennbarkeit vor, **§ 948 I**. Werden hingegen **zwei unterschiedliche Sorten Kiesel**, die sich optisch unterscheiden, ineinander geschüttet, so wäre eine Trennung tatsächlich möglich, aber wirtschaftlich unsinnig, so dass man dies unter den Begriff „unverhältnismäßige Kosten“ subsumieren kann, **§ 948 II**.

hemmer-Methode: Die h.M. will § 948 auch bei Geld anwenden, so dass Miteigentum entsteht, wenn mehrere Scheine oder Münzen untrennbar miteinander vermengt werden. Eine andere Ansicht will hingegen Alleineigentum gem. § 947 II annehmen, wenn das Geld in eine Kasse mit wechselndem Geldbestand gelangt. Der Kassenbestand soll danach also als Hauptsache i.S.d. § 947 II anzusehen sein.

V. Eigentumserwerb kraft Gesetzes

Verarbeitung

Die wichtigste und in Klausuren wohl am häufigsten vorkommende Vorschrift zum gesetzlichen Eigentumserwerb ist die des § 950. Danach erwirbt derjenige Eigentum an einer neu hergestellten Sache, der sie verarbeitet und dadurch die neue Sache herstellt. Diese Vorschrift regelt einen vom Gesetzgeber angestrebten Interessenausgleich zwischen den Lieferanten von Rohstoffen und Produzenten.

Im Gegensatz zu den §§ 946 - 948 ist es äußerst umstritten, ob diese Vorschrift abdingbar ist und welche Bedeutung sog. Verarbeitungsklauseln haben, mit denen Zulieferer von Verarbeitern den Eigentumserwerb durch den Verarbeiter verhindern und sich ihr Eigentum erhalten wollen.

1. **Nennen und erläutern Sie die Voraussetzungen des § 950.**
2. **Stellen Sie den Streit zu den Verarbeitungsklauseln dar.**

1. Der Eigentumserwerb gem. § 950 hat folgende Voraussetzungen (vgl. SachenR II, Rn. 273 ff.)

- **Verarbeitung/Umbildung eines oder mehrerer Stoffe**: Dies setzt einen **bloßen Realakt** voraus (Geschäftsfähigkeit und Willensrichtung irrelevant), bei dem mit nicht unerheblichem Arbeitseinsatz Sachen verarbeitet/umgebildet werden.

- **Entstehung einer neuen Sache**: Ob die Sache neu ist, bestimmt sich nach der wirtschaftlich zu betrachtenden Verkehrsauffassung. Eine **neue Sache** liegt insbesondere vor, **wenn** sie eine **neue Bezeichnung und andere wirtschaftliche Bedeutung** erhält **oder** eine **höhere Produktionsstufe** erlangt. Durch das Bespielen eines zum Aufnehmen von Tondokumenten geeigneten und bestimmten Tonbandes allein wird keine neue Sache i.S.d. § 950 I BGB hergestellt („Kohl-Protokolle“, BGH, Life&Law 2016, 1 ff.).

- Der **Wert der Verarbeitung**/Umbildung ist **nicht erheblich geringer als der Wert der verarbeiteten Stoffe**: Diese missverständliche Formulierung des Gesetzes stellt nicht auf die Kosten des Arbeitsaufwands, sondern allein auf die **Differenz des Wertes der neuen Sache und demjenigen der Ausgangsstoffe** ab, also den geschaffenen Mehrwert (gegeben, wenn Wert der Verarbeitung ca. 60 % des Wertes des Stoffes ausmacht).

- **Herstellereigenschaft des Eigentumserwerbenden**: Hersteller ist **sowohl derjenige** (auch z.B. GmbH), **der die Verarbeitung** selbst bzw. durch seine Angestellten **vornimmt, als auch derjenige, in dessen Namen und wirtschaftlichem Interesse** sie vorgenommen wird (Besteller bei Werkvertrag).

2. Der Streit zu den Herstellerklauseln: Die **h.M. hält § 950**, anders als die §§ 946 - 949, **für abdingbar, so dass die Vereinbarung, der Lieferant solle Hersteller sein, wirksam ist** (vgl. SachenR II, Rn. 277). Dafür spricht, dass § 950 der Rechtssicherheit dienen soll, wonach aber kein Bedürfnis besteht, wenn die Parteien dies bereits eindeutig durch Vereinbarung geklärt haben. **Ein großer Teil der Lit**. bringt **dagegen** vor, dass es nicht einleuchte, §§ 946 - 949 als zwingend, § 950 aber als dispositiv zu betrachten, denn sie verfolgen alle den gleichen Zweck.

hemmer-Methode: Wenn man sich bei den Herstellerklauseln der M.M. anschließt, die § 950 als zwingend ansieht, so muss man sich in der Klausur anschließend damit auseinander setzen, ob das Ziel der Parteien, Eigentumserhalt des Lieferanten, nicht auf andere Weise erreicht werden kann: Dazu wird vorgeschlagen, dass die Parteien mit der Herstellerklausel eine antizipierte Rückübereignung gem. §§ 929, 930 vereinbart haben.

V. Eigentumserwerb kraft Gesetzes

Erwerb von Erzeugnissen und Bestandteilen

Die §§ 955 ff. regeln den Eigentumserwerb von Erzeugnissen und sonstigen Bestandteilen (vgl. zu diesen Begriffen SachenR II, Rn. 285; KK 4 ff.). Für den Fall der Trennung bestimmen die §§ 955 ff., wer das Eigentum erhalten soll. Diese §§ enthalten ein schwieriges Regel-Ausnahme-Verhältnis:

1. A ist Eigentümer eines Grundstücks mit Obstbäumen. B stiehlt 10 Äpfel.
2. Wie 1., nur dass C einen dinglichen Nießbrauch gem. § 1030 an dem Grundstück hat.
3. Wie 1., nur dass A (Besitzer) sich nur für den Eigentümer hält, in Wirklichkeit ist dies C.
4. Wie 2., nur dass C das Grundstück an D verpachtet hat, der es auch in Besitz hat.
5. Wie 4., nur dass der Nießbrauch des C unerkannt unwirksam war.

Wer hat jeweils Eigentum an den Äpfeln erworben?

1. Die Äpfel werden mit der Trennung vom Baum sonderrechtsfähig. Folglich muss bestimmt werden, wer deren Eigentümer werden soll. Im ersten Fall ist **§ 953 anwendbar, wonach der Eigentümer der Sache auch das Eigentum an den getrennten Erzeugnissen erlangt.** *Wer die Trennung vornimmt, ist irrelevant* (SachenR II, Rn. 285). *Mithin hindert auch der Diebstahl des B nicht den Eigentumserwerb durch A.*

2. In diesem Fall kommt **§ 954** zur Anwendung, **da der Nießbrauch ein dingliches Nutzungsrecht gewährt**. Andere vergleichbare Rechte sind das Erbbaurecht und das Nutzungspfandrecht gem. § 1213.

3. Wäre der **Grundsatz des § 953** anwendbar, so müsste der C Eigentum an den Äpfeln erwerben. Wie sich jedoch aus dem Wortlaut ergibt, gehen **die §§ 954 ff. dem vor**. **In diesem Fall greift § 955** I ein. Unterstellt, dass er gutgläubig war und auch bis zur Trennung noch keine Kenntnis von seinem fehlenden Eigentum erlangt hat, **erwirbt A das Eigentum** an den Äpfeln. *§ 935 gilt bei diesen Vorschriften nicht.*

4. Hier müsste nach dem allgemeinen Grundsatz des **§ 953** A Eigentum erwerben. Doch dieser **wird verdrängt**. Da C ein dingliches Nutzungsrecht i.S.d. § 954 hat, müsste eigentlich er Eigentum erlangen. **Da § 956 jedoch wiederum § 954 vorgeht, scheidet hier ein Erwerb des C aus. Eigentümer wird vielmehr D**. Dabei liegt kein Fall des § 956 I vor, da D nicht vom Eigentümer gepachtet hat, sondern ein **Fall des § 956 II**, da D von C gepachtet hat, der ohne die Verpachtung gem. § 954 Eigentum erworben hätte.

5. In diesem Fall greift - Gutgläubigkeit unterstellt - **der zugunsten des D spezielle § 957 i.V.m. § 956** ein.

hemmer-Methode: Umstritten ist, wie sich der Eigentumserwerb bei §§ 956, 957 vollzieht: Nach der Aneignungstheorie liegt in der „Gestattung" eine einseitige Willenserklärung, die den Eigentumserwerb kraft Gesetzes ermöglicht. §§ 929 ff. spielen danach keine Rolle. Nach der Übertragungstheorie liegt in der Gestattung eine Willenserklärung, die antizipiert ein Angebot auf Übereignung abgibt, das der Eigentumserwerber durch Trennung konkludent annimmt. Dabei handelt es sich also um eine bloße Modifizierung der §§ 929 ff. (vgl. SachenR II, Rn. 290 f.).

V. Eigentumserwerb kraft Gesetzes

Aneignung

Während A durch die Straßen schlendert, sieht er, wie ein vor ihm gehender Mann M einen ihm gehörenden Kugelschreiber bewusst wegwirft. A, dem der Kugelschreiber gefällt, geht hin, hebt den Kugelschreiber auf und nimmt ihn mit.

1. **Hat A Eigentum an dem Kugelschreiber erworben?**
2. **Wie wäre der Fall zu lösen, wenn A und M nur 15 Jahre alt wären?**

1. A hat **Eigentum** auf keinen Fall gem. §§ 929 ff. erworben, da es dafür an der Einigung fehlt. Er könnte das Eigentum **aber kraft Gesetzes durch Aneignung gem. §§ 958 ff.** erworben haben (vgl. SachenR II, Rn. 293 ff.).

Ein solcher Eigentumserwerb **setzt zunächst eine herrenlose, bewegliche Sache voraus**. Herrenlosigkeit heißt dabei „eigentümerlos" und ist nicht mit Besitzlosigkeit zu verwechseln. **Herrenlos wird eine Sache gem. § 959, wenn der Eigentümer den Besitz an der Sache in der Absicht aufgibt, auch das Eigentum aufzugeben (Dereliktion).** Davon kann bei einem bewussten Wegwerfen, wie hier, ausgegangen werden. Für § 958 ist es aber auch ausreichend, wenn das Eigentum auf andere Weise erloschen ist, wie gem. §§ 960 II, III, 961.

Ferner muss der **A Eigenbesitz gem. § 872** an dem Kugelschreiber begründet haben. Das ist hier der Fall. Mittelbarer Besitz oder die Einschaltung eines Besitzdieners reichen ebenfalls aus.

Es liegt auch **kein Ausschluss gem. § 958 II** vor, da kein gesetzliches Aneignungsverbot oder ein fremdes Aneignungsrecht wie z.B. das Jagdrecht ersichtlich ist.

2. In der **Abwandlung kommt es darauf an, ob rechtsgeschäftliches oder schlicht reales Handeln vorliegt. Die Dereliktion erfordert eine nicht empfangsbedürftige Willenserklärung mit dem Inhalt, das Eigentum aufzugeben**. Da diese Willenserklärung **nicht lediglich rechtlich vorteilhaft ist, § 107**, konnte der minderjährige M diese **nicht wirksam** vornehmen. Er ist mithin weiterhin Eigentümer der Sache geblieben und die Sache ist lediglich besitzlos geworden (denn für die Aufgabe des Besitzes genügt der natürliche Besitzaufgabewille; Geschäftsfähigkeit ist insoweit nicht erforderlich). Somit **konnte A sich** in der Abwandlung **nicht das Eigentum an dem Kuli aneignen**. Möglich bliebe aber ein gesetzlicher Erwerb nach den Vorschriften über den Fund.

hemmer-Methode: Beachte: Während die Dereliktion eine Willenserklärung voraussetzt, ist dies bei der Aneignung nicht der Fall. Diese besteht in einem bloßen Realakt.

V. Eigentumserwerb kraft Gesetzes

Eigentumserwerb durch Fund

Ein gesetzlicher Eigentumserwerb ist auch in den Vorschriften über den Fund vorgesehen:

1. F findet am 1.3. einen teuren Füller auf der Straße, steckt ihn ein und bringt ihn noch am gleichen Tag zum Fundbüro. Am 1.10. will F sich den Füller abholen, als im selben Moment der E hereinkommt und den Füller verlangt, da er ihn verloren habe.
2. Wie 1., nur dass der Füller dem E gestohlen worden war und der Dieb die Sache verloren hat.

Kann F den Füller für sich beanspruchen?

Fall 1:

F könnte das **Eigentum gem. § 958** erworben haben (vgl. SachenR II, Rn. 293 f.). Das würde aber voraussetzen, dass **E** die **Sache derelinquiert** hätte, § 959. Dafür ist hier jedoch **nichts ersichtlich**. Vielmehr hat E die Sache verloren, d.h. die Sache ist lediglich besitzlos, nicht aber herrenlos geworden (SachenR II, Rn. 298). I.Ü. scheitert § 958 auch daran, dass der F die Sache **nicht in Eigenbesitz, § 872**, genommen hat.

Denkbar wäre jedoch ein **Eigentumserwerb gem. § 973** (vgl. dazu SachenR II, Rn. 297). **F ist Finder**, da er den Füller nach Entdeckung in Besitz genommen hat (Realakt). Da die **Sache** auch **mehr als 10 € wert** war, musste F den **Fund anzeigen, § 965 II**, was er auch getan hat. Ferner müssten **sechs Monate seit der Anzeige** des Fundes **vergangen** sein. Das fristauslösende Ereignis fiel auf den 1.3, Fristbeginn also 2.3. um 0:00 Uhr**, Fristende demnach 1.9. um 24.00 Uhr**, §§ 187 I, 188 II Alt. 1. Die Frist war demnach am 1.10. bereits abgelaufen. **Somit hatte F Eigentum erworben** und konnte demnach grds. Herausgabe verlangen.

Allerdings ist der Eigentumserwerb nicht von Dauer. Denn **gem. § 977 S. 1 kann der E binnen drei Jahren** - die hier noch nicht abgelaufen waren - **nach Bereicherungsrecht Rückübereignung und Herausgabe verlangen**. Da dies hier der Fall war, **kann F gem. § 242** (dolo agit qui petit, quod statim redditurus est) im Ergebnis **doch nicht Herausgabe verlangen, weil er diesen unmittelbar dem E herausgeben müsste**.

Zusätzlich ist aber dann noch eine Übereignung an E erforderlich, die dieser ggfs. widerklagend verlangen könnte.

Fall 2:

Da § 973 keine Ausnahmen für diesen Fall vorsieht und es sich um einen gesetzlichen Eigentumserwerb handelt (und somit § 935 nicht einschlägig ist), **hat F auch in diesem Fall gem. § 973 Eigentum erlangt**. Am Ergebnis ändert sich nichts, es greift wieder § 977 S. 1 (s.o.).

hemmer-Methode: Beachten Sie aber: Eine Sache, die ein Dieb gestohlen, aber noch in Besitz hat, ist nicht verloren. Auf sie finden die Fundvorschriften keine Anwendung!

Durch den Fund entsteht ein Schuldverhältnis, aus dem der Finder zur Verwahrung verpflichtet ist, § 966, und er nur für grobe Fahrlässigkeit und Vorsatz haftet, § 968.

V. Eigentumserwerb kraft Gesetzes

BGH NJW 1956,788

Zur Vertiefung der Probleme beim gesetzlichen Eigentumserwerb sei noch folgender Fall nach BGH NJW 1956, 788 geschildert:

X beliefert seinen Kunden Y mit Aluminiumblechen unter Eigentumsvorbehalt. Y verarbeitet diese Bleche zu vielseitig verwendbaren Gehäusen, in die medizinische Apparate eingebaut werden. Diese Gehäuse dienen nicht dem Schutz oder der Bedienung der Apparate, sondern allein dem Aussehen. Apparate und Gehäuse können ohne weitere Beschädigung durch das Lösen von Schrauben wieder getrennt werden. In dem Liefervertrag ist vereinbart, dass bei Vermischung oder Verbindung der X entsprechend Miteigentümer wird und der Y dem X schon im Voraus das Eigentum abtritt und die Sachen für ihn verwahrt. Im Fall der Verarbeitung sei X als Hersteller anzusehen. Y's Käufer S beschädigt später Gehäuse und Apparate, ohne dass der Kaufpreis vollständig beglichen wäre.

Hat X einen Schadensersatzanspruch gegen S?

Ein **Anspruch auf Schadensersatz** könnte sich **aus § 823 I** ergeben. **Dies hängt davon ab, ob der X Eigentum an den Gehäusen erlangt und behalten hat**, so dass eine **Eigentumsverletzung** zu bejahen ist.

Zunächst hatte X Eigentum an den Blechen. Dieses Eigentum hat er auch **nicht durch die Übereignung an Y verloren**, da er nur unter der **aufschiebenden Bedingung** der vollständigen Kaufpreiszahlung, § 449 I, übereignet hat. Diese Bedingung ist jedoch laut Sachverhalt noch **nicht eingetreten**.

Der **Eigentumsverlust** könnte jedoch **kraft Gesetzes** eingetreten sein, als die Bleche verarbeitet und später mit den Apparaten bestückt worden sind. **Eine Verarbeitung gem. § 950 führt grds. zum Eigentumserwerb des Herstellers**, also grds. hier des Y. Allerdings war **hier § 950 abbedungen** worden bzw. vereinbart, dass **X Hersteller** sei. Eine solche Vereinbarung wird von der h.M. als zulässig angesehen. Der BGH setzt sich in der Entscheidung mit den Gegenstimmen, die § 950 als zwingend ansehen, gar nicht auseinander (vgl. KK 50; SachenR II, Rn. 277). Selbst wenn also mit den Gehäusen eine neue Sache entstanden ist und der Wert der Verarbeitung nicht erheblich geringer als der Wert der Stoffe ist, hat **X sein Eigentum nicht durch die Verarbeitung verloren**.

Er könnte sein **Eigentum jedoch gem. § 947 verloren** haben, der nach allg. Ansicht zwingend ist. Seine Voraussetzungen liegen nur vor, **wenn das Gehäuse wesentlicher Bestandteil** der einheitlichen Gesamtsache geworden ist, **§ 93**. Das ist der Fall, wenn das Gehäuse nicht von den Apparaten getrennt werden kann, ohne dass eines von beiden in ihrem Wesen verändert würde. Das ist hier jedoch **nicht der Fall, da die Trennung technisch problemlos möglich ist und beide Teilsachen auch unabhängig voneinander weiter verwendbar sind**, da die Gehäuse vielseitig verwendbar und die Apparate auch ohne Gehäuse bedienbar sind. **Ein Anspruch gem. § 823 I besteht, da X sein Eigentum nicht verloren hat.**

hemmer-Methode: Wären die Gehäuse wesentliche Bestandteile geworden, so hätte sich die Frage gestellt, ob Miteigentum, § 947 I, oder Alleineigentum, § 947 II, anzunehmen gewesen wäre. Da die Apparate nach der Verkehrsauffassung (und BGH) neben der bloßen „Verpackung“ Hauptsache wären, wäre Alleineigentum des Y oder dessen Lieferanten entstanden. Die Vereinbarung wäre damit teilweise ins Leere gegangen und ein Anspruch gem. § 823 I wäre ausgeschieden.

VI. Eigentümer-Besitzer-Verhältnis

Überblick/Zweck

Das Eigentümer-Besitzer-Verhältnis (EBV), §§ 985 - 1003, ist eine der kompliziertesten Materien des Sachenrechts und eignet sich daher besonders für Klausuren. Es enthält ein ausgeprägtes Regel-Ausnahme-Verhältnis, das man unbedingt beherrschen muss. Um dieses zu verstehen, muss man sich zunächst Klarheit darüber verschaffen, welchen Zweck das EBV verfolgt und was die allgemeinen Voraussetzungen des EBV sind.

1. **Welchen Zweck verfolgen die Regelungen des EBV?**
2. **Nennen Sie die Grundvoraussetzungen für die Anwendbarkeit der Ansprüche aus dem EBV.**
3. **Auf welchen Zeitpunkt ist jeweils abzustellen?**
4. **Für welche Anspruchsziele enthält das EBV Regelungen?**

1. Der **Zweck des EBV ist umstritten** (vgl. SachenR I, Rn. 266 f.):

Nach heute **h.M. ist** der **Hauptregelungszweck** dieser Normen, **den unverklagten, redlichen** (gutgläubigen) **Besitzer zu schützen. Zentrale Bedeutung hat** nach dieser Ansicht die Vorschrift des **§ 993 Abs. 1 HS. 2, wonach das EBV abschließend ist** und derjenige, der nicht nach EBV haftet, auch nicht nach anderen Vorschriften schulden soll. Mindermeinungen wollen dagegen den Zweck jeder einzelnen Vorschrift separat bestimmen.

2. Die **Voraussetzung** für die Anwendbarkeit des EBV ist immer das **Vorliegen einer sog. Vindikationslage**. Eine solche liegt vor, wenn **der Eigentümer einen Herausgabeanspruch gem. § 985 gegen den Besitzer hat und diesem kein Recht zum Besitz zusteht, § 986**. Nur unter diesen Voraussetzungen ist der Weg zu den §§ 987 ff. eröffnet.

3. Im Grundsatz ist der **relevante Zeitpunkt** derjenige, **in dem die Nutzungen gezogen** wurden, **der Schaden verursacht und die Verwendung getätigt wurde. In diesem Zeitpunkt muss folglich die Vindikationslage bestanden haben**. Allerdings werden, **wie bei jedem Grundsatz, auch Ausnahmen** gemacht. *Dies insbesondere, wenn der nichtberechtigte Besitzer sonst besser stünde als der berechtigte* (vgl. KK 59, Frage 4).

4. Die Regelungen des **EBV** erfassen einmal den **Herausgabeanspruch gem. § 985** selbst, sowie Ansprüche auf **Nutzungsersatz**, **Schadensersatz und Verwendungsersatz**. Diese Tatsache ist wesentlich bei der Bestimmung des Konkurrenzverhältnisses: *Handelt es sich bspw. nicht um Nutzungen oder nicht um Verwendungen, so* ***gilt das EBV nicht*** *und entfaltet mithin* ***keine Sperrwirkung*** *gegenüber anderen Ansprüchen, z.B. § 816 I S. 1 BGB.*

hemmer-Methode: Das EBV kommt in einigen Fällen auch aufgrund einer Verweisung oder einer analogen Anwendung zum Zug (vgl. SachenR I, Rn. 271). Die wichtigsten Fälle sind: §§ 1017 II, 1065, 1227; 304 II ZPO i.V.m. §§ 1227, 292. Das EBV wird entsprechend auch auf das Verhältnis zwischen dem Grundstückseigentümer und dem Buchbesitzer, sowie auf das Verhältnis des Vormerkungsinhabers zu einem Dritterwerber und auf das Verhältnis des Vorkaufsberechtigten zum Drittkäufer angewandt.

VI. Eigentümer-Besitzer-Verhältnis

Der Herausgabeanspruch, § 985

§ 985 gewährt dem Eigentümer einen nicht abtretbaren Anspruch, mit dem er die Einräumung des unmittelbaren oder mittelbaren Besitzes verlangen kann. Dieser Anspruch steht jedoch immer unter dem Vorbehalt des § 986, so dass er entfällt, wenn dem Besitzer ein Recht zum Besitz zusteht.

Während das Eigentum ein dingliches Recht ist (und kein Anspruch), handelt es sich bei § 985 um einen Herausgabeanspruch aus Eigentum, der daher auch der Verjährung (vgl. § 194 I) unterliegt, die 30 Jahre beträgt § 197 I Nr.2.

1. **Was sind die Voraussetzungen des Anspruchs gem. § 985 (ohne § 986)?**
2. **Welchen Inhalt hat der Anspruch? Kann auch Verschaffung des unmittelbaren Besitzes von einem mittelbaren Besitzer verlangt werden?**

1. Die **Voraussetzungen des § 985** sind an sich einfach:

- **Der Anspruchsinhaber muss Eigentümer sein** (Einfallstor für langwierige Prüfungen von Übereignungsketten!) oder aber Anwartschaftsberechtigter (vgl. SachenR II, Rn. 176 f.).
- **Anspruchsgegenstand** kann nur **eine Sache** (auch unbewegliche) sein, denn nur an Sachen ist Eigentum möglich. Grds. fallen also **auch Geldzeichen** darunter.
- Der **Anspruchsgegner muss Besitzer** sein. Dabei ist es irrelevant, ob er Eigen-, Fremd-, Allein-, Teil-, Mitbesitzer, mittelbarer oder unmittelbarer Besitzer ist. Nicht Anspruchsgegner ist hingegen der Besitzdiener.

2. Der Inhalt des Herausgabeanspruchs, also **die Rechtsfolge, besteht darin, dass der Besitzer dem Eigentümer wahlweise den unmittelbaren oder mittelbaren Besitz verschaffen muss**. **Umstritten ist jedoch, ob der Eigentümer auch vom mittelbaren Besitzer (mb) die Verschaffung des unmittelbaren Besitzes verlangen kann**. Diesem kann es mitunter unmöglich sein, den unmittelbaren Besitzer (ub) zur Besitzherausgabe zu bewegen. Eine Mindermeinung beschränkt daher den Anspruch des Eigentümers auf Einräumung mittelbaren Besitzes. Die **h.M.** lässt dagegen eine **Verurteilung des mb auf Herausgabe des unmittelbaren Besitzes** mit folgender Überlegung zu: Hätte der Eigentümer je einen Titel gegen den ub und den mb, so würden beide Titel aus vollstreckungsrechtlichen Gründen wertlos, wenn der ub dem mittelbaren die Sache übergäbe.

VI. Eigentümer-Besitzer-Verhältnis

Das Recht zum Besitz, § 986

Das Recht des Besitzers zum Besitz gem. § 986 stellt nach der h.M. entgegen dem missverständlichen Wortlaut „kann verweigern" eine Einwendung dar. Das bedeutet, dass sie von Amts wegen zu berücksichtigen und damit immer im Zusammenhang mit § 985 zu prüfen ist.

§ 986 regelt dabei drei unterschiedliche Konstellationen des Rechts zum Besitz: das eigene gem. § 986 I S. 1 HS 1, das abgeleitete gem. § 986 I S. 1 HS 2, S. 2 und den Sonderfall des § 986 II.

Nennen Sie die Voraussetzungen für jedes dieser Besitzrechte.

1. Ein **eigenes Besitzrecht** gem. § 986 I S. 1 1.HS kann sich ergeben aus:

- einem **dinglichen Recht** des Besitzers, z.B. dem Pfandrecht, dem Nießbrauch (§§ 1030, 1036)
- einem **Anwartschaftsrecht (streitig**, vgl. SachenR I, Rn. 294)
- einem **schuldrechtlichen Vertrag mit dem Eigentümer**, z.B. Miet-, Pacht-, Vorbehaltskaufvertrag
- aus **gesetzlichen Besitzrechten** wie dem Besitzrecht der Eltern an Sachen ihres Kindes gem. § 1626
- **umstritten** ist dies für **Zurückbehaltungsrechte gem. §§ 273, 1000**, die **nach h.M. kein Recht zum Besitz**, sondern nur eine Einrede geben, während die Rechtsprechung sie, allerdings mit gleichem Ergebnis, als Recht zum Besitz ansieht (vgl. SachenR I, Rn. 299).

2. Ein **abgeleitetes Recht zum Besitz** gem. § 986 I S. 1 HS 2 **gewinnt seine Bedeutung aus der Relativität von Schuldverhältnissen** (vgl. SachenR I, Rn. 300 f.)**: sie wirken nur zwischen den Vertragsparteien**. Verleiht der Eigentümer E sein Buch an einen Freund F, der dieses mit Einverständnis des E an den X weiterverleiht, so bestehen vertragliche Beziehungen nur zwischen E und F sowie zwischen F und X, nicht aber zwischen E und X. X kann sich somit nicht gem. § 986 I S. 1 HS 1 auf ein eigenes Recht zum Besitz berufen. **Dafür wurde jedoch § 986 I S. 1 HS. 2 geschaffen, so dass X hier doch ein Recht zum Besitz hat. Dies gilt allerdings nur, wenn F zur Weitergabe befugt war**. War dies nicht der Fall, kann E gem. § 986 I S. 2 Herausgabe nur an F verlangen.

3. E verleiht die Sache für 5 Monate an F. Nach 1 Monat veräußert E die Sache an D. Fraglich ist, ob D als neuer Eigentümer von F die Herausgabe vor Ablauf der 5 Monate verlangen kann (vgl. SachenR I, Rn. 304 ff.). **Dies ist zu verneinen, da der neue Eigentümer sich gem. § 986 II die Rechte entgegenhalten lassen muss, die F dem E entgegenhalten konnte**. Dabei spielt es keine Rolle, ob die Übereignung gem. § 929 i.V.m. § 931 oder i.V.m. § 930 erfolgt ist, da § 986 II auch auf die Übereignung gem. §§ 929, 930 angewandt wird (analog).

hemmer-Methode: Von der wohl h.M. wird § 986 I S. 1 HS 2 über den Wortlaut hinaus nicht nur auf Besitzmittlungsverhältnisse, sondern z.B. auch auf Veräußerungsketten angewandt, so wenn z.B. A eine Sache an B, dieser sie an C verkauft, ohne dass es bereits zu einer Übereignung gekommen wäre.

VI. Eigentümer-Besitzer-Verhältnis

Anwendbarkeit des allg. Schuldrechts/Konkurrenzen

Da der Anspruch gem. § 985 ein dinglicher Anspruch ist, ist die Anwendbarkeit der Vorschriften des Schuldrechts problematisch. Es ist darauf zu achten, dass die Besonderheiten des Sachenrechts nicht unterlaufen werden.

1. **Sind das Verzugsrecht, § 281, § 285 und § 242 auf den Anspruch gem. § 985 anwendbar?**
2. **Was für ein Konkurrenzverhältnis besteht zu anderen Herausgabeansprüchen?**

1. Anwendbarkeit von Schuldrechtsvorschriften (vgl. dazu SachenR I, Rn. 306 ff.):

- **§ 242** (Treu und Glauben) ist **als allgemeiner Rechtsgrundsatz** auch bei § 985 **anwendbar**;
- das **Verzugsrecht findet auf den Herausgabeanspruch Anwendung**, wie sich aus **§ 990 II** ergibt;
- Nach Ansicht des BGH findet § 281 BGB analoge Anwendung auf § 985 BGB, sofern der Besitzer bösgläubig ist oder Rechtshängigkeit eingetreten ist. § 989 BGB regelt den Schadensersatz „statt der Leistung" nur für Fälle der Beschädigung, Zerstörung oder sonstigen Unmöglichkeit der Herausgabe. § 990 II BGB regelt nur den Begleitschaden, so dass eine Schutzlücke besteht, die gem. § 281 BGB analog geschlossen werden kann.
- die Anwendbarkeit des **§ 285 ist umstritten** und wird **von der h.M. abgelehnt**. Die §§ 987 ff. enthalten für Leistungsstörungen beim Vindikationsanspruch eine Sonderregelung, die grundsätzlich gegenüber den §§ 280 ff. abschließend ist.

2. Das **Konkurrenzverhältnis** zu anderen Herausgabeansprüchen (vgl. SachenR II, Rn. 161 ff.):

- § **985 kann neben** den possessorischen und petitorischen Besitzschutzansprüchen **(§§ 861 f. 1007) geltend gemacht werden**.
- **§ 985** steht auch im Verhältnis **echter Anspruchskonkurrenz zu** einem **Herausgabeanspruch gem. § 823 I i.V.m. § 249 I** (Naturalrestitution durch Herausgabe).
- **Das Gleiche gilt für das Verhältnis zu vertraglichen Herausgabeansprüchen, wie z.B. § 546**. Die entgegenstehende Lehre von Raiser (Vorrang der vertraglichen Rückabwicklung) wird allgemein abgelehnt.
- **§ 985 ist gem. § 2029** auch **neben** dem Herausgabeanspruch gegen den Erbschaftsbesitzer gem. **§ 2018 anwendbar**.
- **§ 985 BGB steht schließlich auch in Anspruchskonkurrenz zu § 812 BGB.**

hemmer-Methode: Der Streit um § 285 ist praktisch bedeutungslos: denn verlangt der B von A den Erlös heraus, so genehmigt er damit die Verfügung gem. § 185, so dass diese wirksam wird. Dann kann der B von A den Erlös gem. § 816 I S. 1 verlangen. Es besteht mithin auch kein Bedürfnis für § 285.

VI. Eigentümer-Besitzer-Verhältnis

Sonderprobleme bzgl. des Besitzers

Grundsätzlich ist es für die Anwendbarkeit der §§ 987 ff. ausreichend, wenn überhaupt eine Vindikationslage, also ein Anspruch gem. § 985, besteht. Es gibt jedoch auch Spezialkonstellationen, wo dies zweifelhaft und umstritten ist:

1. Eigentümer E vermietet an M, der sorglos mit der Sache umgeht und sie beschädigt.
2. Wie 1., E verstirbt, M meint Erbe und damit Eigentümer zu sein. In Wahrheit ist aber X Erbe.
3. Wie 1., nur der Mietvertrag war bei Beschädigung schon wirksam gekündigt.
4. K kauft von V einen Pkw unter Eigentumsvorbehalt. K bringt ihn zu U in die Werkstatt, der ihn repariert. Nach der Reparatur ist V wirksam vom Vertrag zurückgetreten und verlangt von U den Pkw heraus. U will Verwendungsersatz.

Sind in den Fällen Ansprüche aus dem EBV denkbar?

1. Im ersten Fall, dem Fall des „**nicht-so-berechtigten Besitzers**", ist das **EBV nach h.M. nicht anwendbar** (vgl. SachenR I, Rn. 324). Denn das **Überschreiten des Besitzrechts**, nämlich das Beschädigen der Mietsache, **ändert nichts daran, dass M an sich zum Besitz der Sache berechtigt ist. Es fehlt also an einer Vindikationslage**. E hat Schadensersatzansprüche wegen Pflichtverletzung des Mietvertrags gem. §§ 280 I i.V.m. 241 II und § 823.

2. Im zweiten Fall, dem sog. „**Aufschwingen vom Fremd- zum Eigenbesitzer**", ist das **EBV nach h.M. grds. nicht anwendbar**. Denn durch die Änderung der Willensrichtung verliert E (bzw. X) zwar seinen mittelbaren Besitz, es endet jedoch nicht der Mietvertrag. **Das Besitzrecht bleibt mithin bestehen, so dass wiederum im Zeitpunkt des schädigenden Ereignisses keine Vindikationslage besteht**. Anders hat der BGH für einen Fall entschieden, der dem hier genannten jedoch nicht vergleichbar war: *Beruht das Besitzrecht auf einer Geschäftsführung ohne Auftrag, § 677, so endet mit der Änderung der Willensrichtung auch die GoA und damit das Besitzrecht. Nur in diesem Ausnahmefall entsteht mit dem „Aufschwingen" eine Vindikationslage*

3. / 4. Diese Fälle betreffen das Problem des sog. „**nicht-mehr-berechtigten Besitzers**". Hier ist **zwischen beiden Fällen zu differenzieren**.

Bei 3. wird eine **Anwendbarkeit des EBV** von der inzwischen **wohl h.M. abgelehnt**. Der **Eigentümer ist** bei der (Rück-)Abwicklung eines Vertrages **durch vertragliche Ansprüche ausreichend geschützt** (hier Anwendung der §§ 546 I, 280 I, III, 283 oder der §§ 280 I i.V.m. § 241 II BGB), so dass kein Bedarf für die §§ 987 ff. besteht (vgl. SachenR I, Rn. 328 f.). Anders ist dies wiederum bei anfänglicher Nichtigkeit, vgl. KK 62 (Fremdbesitzerexzess).

Bei 4. müssten **eigentlich Ansprüche aus EBV, hier § 994, abgelehnt** werden, da **im Zeitpunkt der Verwendung** sowohl K als auch U noch ein (abgeleitetes) Besitzrecht hatten, also **keine Vindikationslage** bestand. **Dennoch wird hier das EBV aus Wertungsgründen angewandt**: Der U als ehemals berechtigter Besitzer soll nicht schlechter stehen, als wenn er von Anfang an nichtberechtigter Besitzer gewesen wäre. Dann hätte er nämlich den Anspruch gem. § 994 gehabt.

hemmer-Methode: Nirgendwo sind Wertungsgesichtspunkte so wichtig wie im EBV. Überprüfen Sie in Klausuren daher immer, ob ihr Ergebnis „stimmt". Das ist nur dann der Fall, wenn der berechtigte Besitzer nicht schlechter steht als der nichtberechtigte!

VI. Eigentümer-Besitzer-Verhältnis

Bösgläubigkeit

Die §§ 987 ff. unterscheiden regelmäßig zwischen dem gutgläubigen und dem bösgläubigen Besitzer. Während der gutgläubige Besitzer privilegiert werden soll, gilt dies für den bösgläubigen nicht. Bösgläubigkeit ist beim Besitzerwerb analog § 932 II die Kenntnis oder grob fahrlässige Unkenntnis des fehlenden Besitzrechts, § 990 I S. 1. War der Besitzer bei Besitzerwerb jedoch gutgläubig, so schadet später nur noch positive Kenntnis, § 990 I S. 2. Wichtig ist dabei, dass es nicht wie bei der direkten Anwendung des §§ 932 II auf den guten Glauben bzgl. des Eigentums, sondern auf den guten Glauben bzgl. des Rechts zum Besitz ankommt!

1. **Wie wird einem Besitzer die Bösgläubigkeit von eingeschalteten Besitzdienern zugerechnet?**
2. **Was gilt bei Minderjährigen?**
3. **Wie ist beim Erbenbesitz zu unterscheiden?**

1. Während die Bestimmung der Voraussetzungen der Bösgläubigkeit keine besonderen Schwierigkeiten aufwirft, kann die Einschaltung Dritter Probleme bereiten. Dies gilt insbesondere für den Besitzdiener:

■ War der **Besitzherr** (= Besitzer) **selbst bösgläubig**, so ist allgemein anerkannt, dass ihm die Einschaltung eines Besitzdieners nicht helfen kann. Er bleibt bösgläubig i.S.d. § 990 S. 1. Eine **Zurechnung** ist hier **nicht erforderlich**.

■ **War der Besitzherr gutgläubig und nur der Besitzdiener bösgläubig, so wird diese Bösgläubigkeit dem Besitzherren zugerechnet. Umstritten ist jedoch, wie** dies geschieht (vgl. SachenR I, Rn. 338 ff.). Die **h.M.** wendet hier **§ 166 analog** an. § 166 ist nicht direkt anwendbar, da es sich bei der Besitzerlangung nicht um eine Willenserklärung handelt, sondern um tatsächliches Handeln, bei dem die Vorschriften der Stellvertretung grds. nicht anwendbar sind**. Die Interessenlage ist** jedoch **vergleichbar**, sofern der Besitzdiener so freie Hand hatte und so selbständig in seiner Willensentschließung war wie ein Vertreter. **Eine M.M**. wendet **wegen der Deliktsähnlichkeit der §§ 989 f. den § 831 analog** an, was allerdings zu der von der h.M. *unerwünschten Konsequenz der Exkulpationsmöglichkeit* führt.

2. Bei Minderjährigen stellt sich das Problem, ob hinsichtlich der Bösgläubigkeit gem. § 828 III analog auf die Einsichtsfähigkeit des Minderjährigen selbst oder analog § 166 I auf die seiner gesetzlichen Vertreter abzustellen ist (vgl. SachenR I, Rn. 345 ff.). **Die h.M. differenziert** danach, wie die Besitzerlangung erfolgt ist. Hat der Minderjährige auf Basis des Vertrages Besitz erlangt, stellt man auf die Eltern ab. Hat er sich den Besitz durch Eingriff selbst verschafft, stellt man auf ihn ab.

3. Beim **Erbenbesitzer** gem. § 857 ist zu differenzieren. Grds. **„erbt“** er die ggf. bestehende **Bösgläubigkeit des Erblassers**. **Ergreift er jedoch nach § 854 tatsächlich Besitz an der Sache, wird die Bösgläubigkeit des Erblassers nach h.M. beseitigt, wenn der Erbe gutgläubig ist.**

hemmer-Methode: Beachten Sie, dass grds. den gutgläubigen Besitzer nach Rechtshängigkeit die gleichen harten Folgen treffen wie den bösgläubigen Besitzer, vgl. z.B. §§ 989, 994 II, 996, 987.

Konkurrenzen

Grundsätzlich ist das EBV eine abschließende Regelung, deren diffizile Wertungen nicht durch die konkurrierende Anwendbarkeit anderer Regelungen aus den Angeln gehoben werden dürfen. Gleichzeitig darf das EBV jedoch auch nicht dazu führen, dass der berechtigte Besitzer schlechter steht als der nichtberechtigte. Zwischen diesen beiden Ausgangsüberlegungen entscheidet sich das Konkurrenzproblem des EBV. Gleichzeitig ist immer zu prüfen, was das EBV überhaupt regelt, da es nur diesbezüglich seine Sperrwirkung entfalten kann.

Schildern Sie das Konkurrenzverhältnis des EBV zu den §§ 823 ff. (1.), zum Bereicherungsrecht (2.), zur Geschäftsführung ohne Auftrag (3.) und zu vertraglichen Rückabwicklungsverhältnissen (4.).

1. Grds. ist das Deliktsrecht wegen § 993 Abs.1 HS 2 ausgeschlossen, da das EBV die Verpflichtung zum Schadensersatz in den §§ 989 ff. abschließend regelt. Nach h.M. gilt dies auch für den bösgläubigen Besitzer, da er ansonsten entgegen der Regelung der §§ 989, 990 nach Deliktsrecht auch für den Vorenthaltungsschaden einstehen müsste (vgl. SachenR I, Rn. 352; innerhalb des EBV wäre der Vorenthaltungsschaden nur gem. §§ 990 II, 280 I, II, 286 BGB ersatzpflichtig). **Der Grundsatz** des Ausschlusses des Deliktsrechts **wird jedoch von § 992 ausdrücklich durchbrochen**. Danach bleibt Deliktsrecht anwendbar, wenn der Besitzer die Sache durch eine **Straftat** erlangt **oder verbotene Eigenmacht** begangen hat. Weiter wird der Grundsatz **durch die Figur des Fremdbesitzerexzesses durchbrochen** (vgl. SachenR I, Rn. 354, 363). § **826 bleibt** neben dem EBV **immer anwendbar**, da der vorsätzlich sittenwidrig Schädigende nie schutzwürdig ist und ihm daher die Sperrwirkung des EBV nicht zugutekommen soll.

2. Soweit das Bereicherungsrecht Nutzungs- oder Verwendungsersatz gewährt, ist es nach h.M. **durch** die abschließende Regelung des **EBV verdrängt**. Zu beachten ist aber, dass **unter den Begriff der Nutzungen grds. nicht der Verbrauch oder die Veräußerung einer Sache fallen**. **Daher bleibt hier das Bereicherungsrecht anwendbar. Das gilt insbesondere für § 816 Abs.1,** der den **Veräußerungserlös** regelt, und für § 816 Abs.2. (Vgl. ausführlich SachenR I, Rn. 356 ff.)

3. Bei der GoA ist zu **differenzieren**. Liegt eine **berechtigte GoA** des Besitzers vor, so tritt schon gar kein Konkurrenzverhältnis auf, da sie ein **Recht zum Besitz** darstellt, so dass **mangels Vindikationslage das EBV nicht anwendbar** ist. Liegt **nichtberechtigte GoA** vor, so **verdrängt das EBV** in seinem Anwendungsbereich **die GoA**; **nicht aber bzgl**. z.B. der **Herausgabepflicht** gem. § 667, da diese im EBV nicht geregelt ist. § 687 II, angemaßte Eigengeschäftsführung, bleibt aus denselben Gründen wie bei § 826 (mangelnde Schutzwürdigkeit) immer neben dem EBV anwendbar.

4. Grds. gilt das EBV nicht, wenn vertragliche Rückabwicklungsverhältnisse bestehen (vgl. HH. 59 nicht-mehr-berechtigter Besitzer). **Anderes gilt nur, wenn der von Anfang an nichtberechtigte Besitzer sonst besser stünde als der ursprünglich berechtigte.** Dies ist insbesondere bei § 994 denkbar.

hemmer-Methode: Diese Konkurrenzprobleme müssen Sie unbedingt beherrschen! Hier entscheidet sich häufig die Klausur. Für den Aufbau bedeutet dies, dass das EBV in der Regel vor den übrigen Regelungen zu prüfen ist, die es verdrängt, da nur so die wesentlichen Wertungsaspekte aufgezeigt werden können.

VI. Eigentümer-Besitzer-Verhältnis

Schadensersatz beim redlichen Besitzer

Der redliche, also gutgläubige und nicht verklagte unrechtmäßige Besitzer soll vom EBV privilegiert werden. Er haftet daher grds. nicht nach den §§ 989, 990 auf Schadensersatz. Wegen der Sperrwirkung des EBV haftet er auch nicht nach Deliktsrecht, § 993 I HS 2. Von diesem Grundsatz gibt es jedoch Ausnahmen (vgl. SachenR I, Rn. 354, 363):

1. D stiehlt E seinen Pkw und gibt ihn anschließend seinem Freund F zur unentgeltlichen Verwahrung, der nichts von dem Diebstahl weiß. F zerstört den Wagen leicht fahrlässig.
2. E, der geschäftsunfähig ist, vermietet seinen Wagen an den gutgläubigen F, der den Wagen schuldhaft zerstört.

Haftet F jeweils dem E auf Schadensersatz?

1. Fall

Zwar liegt im Verhältnis E zu F ein EBV vor, aber **Ansprüche aus §§ 989, 990 scheiden aus**, da **F redlich**, also weder bösgläubig noch verklagt war. Hier greift jedoch **§ 991 II als Ausnahme von diesem Privilegierungs-Grundsatz** und schafft eine Brücke für Ersatzansprüche gegen den Fremdbesitzer im Exzess. **Ausgangspunkt der Regelung ist, dass F seinem Vertragspartner D normalerweise aus Vertrag bzw. Delikt gehaftet hätte. Über § 991 II kann der E selbst trotz der Redlichkeit des F gegen diesen nach § 989 vorgehen**. Es soll F nicht zugutekommen, dass er D und nicht E für den Eigentümer gehalten hat. Er ist insoweit nicht schutzwürdig.

Einschränkend ist jedoch zu beachten, dass der redliche Besitzer F dem Eigentümer gegenüber nicht schärfer haftet als gegenüber seinem Vertragspartner. Hier liegt ein Verwahrungsvertrag vor, nach dem F dem D nur für diligentia quam in suis haftet **(§ 690).** Unterstellt, F hätte die gleiche Sorgfalt wie in eigenen Angelegenheiten angewandt, so würde er, da er dem D nicht haftet, auch nicht dem E gegenüber haften.

Da § 991 II nur auf § 989 verweist, ist **§ 823 nicht anwendbar**. Sollte F bereits an D gezahlt haben, findet **§ 851 analoge** Anwendung, so dass F von seiner Verpflichtung befreit wird. E bleibt dann nur der § 816 I gegen D.

2. Fall

Der 2. Sachverhalt betrifft den **klassischen Fall des Fremdbesitzerexzesses** (redlicher, nichtberechtigter Fremdbesitzer beschädigt fremde Sache). Dieser ist im **Gesetz nicht besonders geregelt**. Wie oben scheitern auch hier die Ansprüche aus §§ 989, 990 an der Redlichkeit des F. **Die Lösung der h.M.** beruht allerdings auf einem **ähnlichen Grundgedanken wie § 991 II**. Wäre der Vertrag mit E nicht wegen dessen Geschäftsunfähigkeit unwirksam gewesen, so hätte der F dem E aus Vertrag oder Delikt gehaftet. **Jetzt, da der Vertrag nichtig ist, soll der F als redlicher, nichtberechtigter Besitzer nicht besser stehen, als wenn der Vertrag wirksam und er berechtigter Besitzer gewesen wäre. Daher wird in diesem Fall trotz der Sperrwirkung des EBVs ein Rückgriff auf das Deliktsrecht zugelassen.** Dieser Anspruch darf allerdings nicht weiter gehen, als der Anspruch aus dem Mietverhältnis gereicht hätte. (SachenR I, Rn. 363)

hemmer-Methode: Wieder kommt es auf die essentielle Wertung an: der nichtberechtigte, redliche Fremdbesitzer soll nicht besser stehen als der berechtigte Fremdbesitzer.

VI. Eigentümer-Besitzer-Verhältnis

Schadensersatz d. unredlich./deliktisch. Besitzer

Der unredliche, also bösgläubige oder verklagte Besitzer haftet dem Eigentümer nach den §§ 989, 990 auf Schadensersatz. Hat dieser Besitzer zusätzlich bei der Besitzverschaffung eine Straftat oder verbotene Eigenmacht begangen, so haftet er zusätzlich nach Deliktsrecht, § 992. Dazu folgende Fälle:

1. K kauft von H den dem E gestohlenen Pkw, obwohl im Kfz-Brief noch E eingetragen ist. Kurz darauf zerstört seine Frau, der er den Wagen geliehen hat, den Wagen fahrlässig.
2. Wie 1., nur dass E den K auf Herausgabe des Wagens gemahnt hat und der Wagen eine Woche später durch Zufall (Blitz) untergeht.
3. K will dem E den Wagen stehlen; als er die Zündkabel kurzschließt, geht der Pkw in Flammen auf.
4. K hat dem E den Wagen gestohlen, eine Woche später geht der Wagen durch Zufall unter.

Wie haftet K gegenüber E?

1. Ein Anspruch gem. §§ 989, 990 setzt voraus, dass im Zeitpunkt der Verletzungshandlung ein **EBV** vorgelegen hat. Dies ist hier der Fall, da E sein Eigentum weder an H verloren hat, noch der K wegen § 935 das Eigentum gutgläubig erwerben konnte. K hatte auch kein Recht zum Besitz. **K war bösgläubig, §§ 990, 932 II, hinsichtlich seines Besitzrechts**, **da** er angesichts der Eintragung im Kfz-Brief nicht ohne **grobe Fahrlässigkeit, § 276**, davon ausgehen konnte, das Eigentum zu erwerben. Ferner ist gem. § 989 die **Sache untergegangen**. Dies beruhte auf einem **Verschulden der Frau**, was der K sich **gem. §§ 278, 276 zurechnen** lassen muss; denn die **§§ 987-993 begründen ein gesetzliches Schuldverhältnis, so dass § 278 anwendbar ist**. *Dabei ist es umstritten, ob das Verschulden i.S.d. § 989 das Verschulden gem. § 276 meint oder bereits jedes zurechenbare freiwillige Verhalten des Besitzers ausreicht* (vgl. SachenR I, Rn. 367). Das kann hier jedoch dahinstehen, da beides vorliegt. **K haftet** demnach **gem. §§ 989, 990**.

2. Problematisch ist in dieser Abwandlung das **Verschulden hinsichtlich der Zerstörung, da hier nur Zufall vorlag**. Allerdings hat der E den K gemahnt. Damit ist **Verzug gem. §§ 990 II, 286** eingetreten, da K schuldhaft trotz Mahnung nicht rechtzeitig geleistet hat. **Daher greift** hier im Rahmen des Verschuldenserfordernisses des § 989 der **§ 287 S. 2** ein. **K haftet mithin auch für Zufall und schuldet daher Schadensersatz**. In den Regelungen der §§ 987 ff. selbst gibt es dagegen keine Garantiehaftung des bösgläubigen Besitzers!

3. Dieser Fall ist **kein Fall des § 992**. Denn § **992 erfasst nur Schädigungen nach der deliktischen Besitzerlangung**, nicht aber solche vor bzw. bei Besitzerlangung, da zu diesem Zeitpunkt noch gar kein EBV besteht (vgl. SachenR I, Rn. 370 ff.). Besitzer des Wagens ist K nicht allein deshalb weil er darin sitzt. Die tatsächliche Sachherrschaft setzt voraus, dass man den Wagen auch wegbewegen kann. **K haftet** aber „ganz normal“ **nach § 823 I**.

4. Hier ist **§ 992 erfüllt**, da er den Besitz durch die Begehung des § 242 StGB erlangt hat, so dass K **nach §§ 823 ff. haftet**. **Gem. § 848** haftet er dabei **auch für Zufall**.

hemmer-Methode: § 246 StGB ist nach wohl h.M. keine Straftat i.S.d. § 992, da ihr der Besitzerwerb regelmäßig vorausgeht und daher der Besitz nicht durch die Straftat erlangt ist. Anders ist es nur bei der Fundunterschlagung; hier wird auch § 246 StGB als Straftat i.S.d. § 992 BGB anerkannt. Beachten Sie ferner, dass § 858 II S. 2 i.R.v. § 992 nicht anwendbar ist. Die Bedeutung des § 992 liegt darin, dass der Besitzer, anders als nach §§ 990 f., nach §§ 823 ff. auch für den Vorenthaltungsschaden haftet.

VI. Eigentümer-Besitzer-Verhältnis

Nutzungsersatz beim redlichen Besitzer

Grds. schuldet der unredliche, also unverklagte und gutgläubige Besitzer dem Eigentümer keinen Ersatz der gezogenen Nutzungen, § 993 I HS. 2. Diese Privilegierung greift jedoch nur, soweit es auch tatsächlich um Nutzungen geht. Dies ist bei der Veräußerung und dem Verbrauch grds. nicht der Fall, so dass z.B. § 816 I S. 1 anwendbar bleibt.

Auch beim Nutzungsersatz interessieren jedoch wiederum mehr die Ausnahmen von der Privilegierung. Diese sind in § 993 I HS. 1 und in § 988 geregelt.

Unter welchen Voraussetzungen schuldet auch der redliche Besitzer Nutzungsersatz?

1. Übermaßfrüchte gem. § 993 I HS 1: Liegt im Zeitpunkt der Nutzungsziehung eine Vindikationslage vor, so schuldet der redliche Besitzer dem Eigentümer dennoch Nutzungsersatz, sofern seine gezogenen Nutzungen als **Übermaßfrüchte** anzusehen sind. Das ist dann der Fall, wenn sie im Rahmen einer ordnungsgemäßen Nutzung nicht mehr als Ertrag der Sache anzusehen sind, also **wenn in die Substanz der Sache eingegriffen wird und eine dauerhafte Ertragsminderung eintritt**, *z.B. Kahlschlag eines Waldes*. Die **Haftung richtet sich** aufgrund der **Rechtsfolgenverweisung** auf das Bereicherungsrecht **nach § 818**. Der *Besitzer* kann sich mithin auf *Entreicherung gem. § 818 III* berufen.

2. Die unentgeltliche Besitzerlangung, § 988: Derjenige, der etwas unentgeltlich erlangt, **ist nicht so schutzwürdig wie jemand, der etwas entgeltlich erlangt**, vgl. auch § 816 I S. 2. Daher bestimmt § 988, dass bei unentgeltlicher Besitzerlangung die **gezogenen Nutzungen aufgrund einer Rechtsfolgenverweisung nach Bereicherungsrecht herauszugeben** sind. **Entgegen dem Wortlaut** des § 988, der nur auf den Eigenbesitzer oder den aufgrund eines vermeintlichen dinglichen Rechts besitzenden Fremdbesitzer abstellt (Recht „an" der Sache), **greift § 988 nach h.M. auch bzgl.** des vermeintlich schuldrechtlich berechtigten Fremdbesitzers (**Mieter/Pächter**).

3. Umstritten ist dagegen, ob **§ 988 auf den rechtsgrundlosen Erwerb des Besitzes analog** angewandt werden kann. Dem liegt der Fall zugrunde, dass A von dem unerkannt geisteskranken B einen Pkw kauft und ihn nutzt. Kaufvertrag und dingliche Einigung sind nichtig. Die **Rechtsprechung wendet** hier **§ 988 analog an**, *da ein Rückgriff auf Bereicherungsrecht wegen des abschließenden Charakters ausgeschlossen sei. Die Analogie rechtfertigt sie mit folgender Überlegung: Wäre nur der Kaufvertrag nichtig gewesen, so schuldete A nach Bereicherungsrecht Nutzungsersatz, § 818 I. Wenn dann sogar beide Verträge nichtig sind, A also nicht einmal Eigentum erlangt hat, kann er nicht besser stehen.* **Die h. Lit. wendet** dagegen **mit demselben Ergebnis Bereicherungsrecht unmittelbar an und gelangt über §§ 812 I S. 1, 1.Alt., 818 I zu demselben Ergebnis**. ***Unterschiedliche Ergebnisse*** *treten wegen des Vorrangs der Leistungskondiktion* ***nur*** *auf,* ***wenn der Besitzer seinen Besitz von einem Dritten erlangt hat*** (vgl. SachenR I, Rn. 382 ff.).

hemmer-Methode: Der Anspruchsinhalt nach § 818 kann vielfältig sein. Er kann in bloßem Wertersatz bestehen. Hat der Besitzer jedoch die Nutzungen noch in gegenständlicher Form (z.B. Früchte) und daran z.B. gem. § 955 Eigentum erlangt, so hat er auch diese herauszugeben, also zurück zu übereignen.

VI. Eigentümer-Besitzer-Verhältnis

Nutzungsersatz beim unredlichen Besitzer

Der unredliche Besitzer ist vom EBV nicht privilegiert. Er haftet dem Eigentümer daher grds. für alle Nutzungen, die er gezogen hat, § 987 I, sofern im Zeitpunkt der Nutzungsziehung ein EBV vorgelegen hat. Unter bestimmten Voraussetzungen haftet er sogar auch für Nutzungen, die er nicht gezogen hat, aber hätte ziehen können, § 987 II und §§ 992, 823.

1. - 3. Erläutern Sie jeweils die Voraussetzungen und Folgen für den Nutzungsersatz.

4. Welche Ausnahme gibt es von der Verpflichtung zum Nutzungsersatz?

1. Voraussetzungen des **§ 987 I**:

- **EBV** im Zeitpunkt der Nutzungsziehung;
- **verklagter oder bösgläubiger** Besitzer;
- **tatsächlich gezogene Nutzungen**.

Mangels Verweis auf das Bereicherungsrecht ist eine **Berufung auf Entreicherung** (§ 818 III) **nicht möglich**.

2. Voraussetzungen des **§ 987 II**:

- **EBV** im Zeitpunkt der Nutzungsziehung;
- **verklagter oder bösgläubiger** Besitzer;
- **schuldhaft nicht gezogene Nutzungen**; das ist dann gegeben, wenn der Eigentümer im Rahmen einer ordnungsgemäßen (!) Wirtschaft diese Nutzungen hätte ziehen können.

3. § 992 i.V.m. § 823:

Liegen die Voraussetzungen des § 992 vor (vgl. KK 63), war der Besitzer also ein sog. **deliktischer Besitzer**, so **haftet er gem. § 823. Diese Haftung enthält über §§ 249 ff. auch eine Haftung für Nutzungen**. Denn der Eigentümer ist so zu stellen, als ob die Eigentumsverletzung nicht eingetreten wäre. Der Besitzer haftet dann für alle Nutzungen, von denen der Eigentümer beweisen kann, dass er sie hätte ziehen können.

4. Ausnahme:

Eine **Ausnahme** von der Nutzungsersatzpflicht gem. § 987 **enthält § 991 I. Ist der Besitzer bösgläubiger Fremdbesitzer, der sein vermeintliches Besitzrecht von einem gutgläubigen mittelbaren Besitzer ableitet, so haftet er nicht**. *Würde er haften, so könnte er aus dem Vertrag mit dem mittelbaren Besitzer gegen diesen Regress nehmen. Dies würde jedoch der Privilegierung dieses mittelbaren Besitzers widersprechen*. Daher wird der unmittelbare Besitzer freigestellt, soweit er den mittelbaren in Regress nehmen könnte (vgl. SachenR I, Rn. 389).

hemmer-Methode: Achten Sie darauf, den § 991 I nicht zu weit auszudehnen. Wusste der unmittelbare Besitzer genau, dass er kein Besitzrecht hat, als er mit dem mittelbaren Besitzer kontrahierte, so kann er bei diesem auch keinen Regress nehmen (vgl. etwa §§ 536b S. 1, 536 III, 581 II). Dann ist auch die Haftungsfreistellung gem. § 991 I für den unmittelbaren Besitzer nach dem Sinn und Zweck des § 991 I nicht gerechtfertigt. Er muss die Nutzungen herausgeben.

VI. Eigentümer-Besitzer-Verhältnis

Verwendungsersatz beim redlichen Besitzer

Das EBV enthält in seinen Regelungen über den Verwendungsersatz eine doppelte Differenzierung: einerseits wird nach notwendigen Verwendungen, bloß nützlichen Verwendungen und Luxusverwendungen unterschieden, vgl. § 994, § 996 (vgl. zu diesen Begriffen SachenR I, Rn. 394 ff.); andererseits wird wie üblich zwischen dem redlichen und dem bösgläubigen/verklagten Besitzer unterschieden.

1. **Unter welchen Voraussetzungen erhält der gutgläubige Besitzer Ersatz für seine Verwendungen?**
2. **Was wird alles von dem Ersatzanspruch umfasst?**

1. Nach §§ 994 I, 996 kann der redliche und unverklagte Besitzer sowohl für seine notwendigen als auch für seine bloß nützlichen Verwendungen Ersatz verlangen. *Die Ersatzfähigkeit der nützlichen Verwendungen stellt dabei eine Privilegierung des redlichen Besitzers dar.* Da dieser sich als Berechtigter fühlen durfte, soll er auch die Vermögensopfer, die er im Vertrauen auf seine Berechtigung für die Sache erbracht hat, ersetzt erhalten. Der redliche Besitzer kann jedoch gem. § 994 I S. 2 für die gewöhnlichen Erhaltungskosten (notwendige Verwendung) nur dann Ersatz verlangen, wenn er die Nutzungen herauszugeben hat, also nur im Fall des § 988 und § 988 analog.

Voraussetzung ist hier neben der **Redlichkeit** des Besitzers und dem **Vorliegen notwendiger/nützlicher Verwendungen**, dass die **Verwendungen im Zeitpunkt des Vorliegens eines EBV getätigt** wurden. Von diesem Grundsatz gibt es jedoch eine **Ausnahme bei dem nicht-mehr-berechtigten Besitzer** (vgl. KK 59). Der Grund: der zeitweise berechtigte Besitzer darf nicht schlechter stehen, als derjenige, der von Anfang an unberechtigter Besitzer war.

Für Luxusverwendungen, also solche, die weder für den Erhalt der Sache erforderlich waren noch eine Wertsteigerung herbeigeführt haben, **kann auch der redliche Besitzer keinen Ersatz verlangen**. Ihm steht **nur** das **Wegnahmerecht des § 997** zur Verfügung.

2. Dieser **Verwendungsersatzanspruch umfasst** sowohl die **Materialkosten** als auch nach höchstrichterlicher Rspr. **den eigenen Arbeitsaufwand**, sofern dieser allgemein einen irgendwie bestimmbaren Marktwert hat.

hemmer-Methode: Wegen der differenzierten Regelung für den Verwendungsersatz müssen Sie ganz genau zwischen notwendigen, nützlichen und Luxusverwendungen unterscheiden.

Hier bei den §§ 994 ff. wird auch der Streit um den engen oder weiten Verwendungsbegriff relevant. Liegt bei einer Wesensveränderung nach dem engen Verwendungsbegriff keine Verwendung vor, so stellt sich die Frage, ob das EBV dennoch abschließend ist oder ob die §§ 951, 812 ff. BGB gelten. Der BGH hat dies bejaht. Der Anspruchssteller ging deshalb leer aus! BGH NJW 1996, 51 ff. Die Lit. lehnt dieses Ergebnis ab. Denkbar ist aber auch nach BGH eine Anwendung des § 812 I S.2 Alt.2 BGB, wenn die Errichtung in Erwartung späteren Erwerbs stattfindet und eine tatsächliche Einigung über diesen Zweck vorliegt.

VI. Eigentümer-Besitzer-Verhältnis

Verwendungsersatz beim unredlichen Besitzer

Der unredliche, also bösgläubige oder verklagte Besitzer, der Verwendungen macht, obwohl er damit rechnen muss, vom Eigentümer auf Herausgabe verklagt zu werden, bedarf keines besonderen Schutzes. Seine Ansprüche sind daher gegenüber denen des redlichen Besitzers erheblich eingeschränkt.

1. **Für welche Art von Verwendungen kann der unredliche Besitzer Ersatz verlangen?**
2. **Wie und wann können Verwendungsersatzansprüche (sowohl vom gutgläubigen wie vom bösgläubigen Besitzer) geltend gemacht werden?**

1. Der unredliche Besitzer kann **Ersatz nur für notwendige Verwendungen** verlangen, **§ 994 II**. Die **Voraussetzungen** dieses Anspruchs sind das Vorliegen eines **EBV** im Zeitpunkt der Vornahme der Verwendungen, **Bösgläubigkeit** des Besitzers, **Notwendigkeit der Verwendungen** und das Vorliegen **der Voraussetzungen der Geschäftsführung ohne Auftrag gem. § 683 BGB**. Um dem unredlichen Besitzer nicht über Gebühr Vorteile zu gewähren, kann er Ersatz nur nach den Vorschriften über die Geschäftsführung ohne Auftrag verlangen. **Es ist also immer zu prüfen, ob die notwendigen Verwendungen auch dem Willen des Eigentümers entsprachen**. Dabei kann wie üblich aus dem objektiven Interesse auf den Willen des Eigentümers geschlossen werden, sofern keine entgegenstehenden Anhaltspunkte ersichtlich sind. **Dann gelten §§ 683, 670**. **Entsprach die Verwendung nicht dem Interesse oder erkennbaren Willen des Eigentümers**, **so kann der Besitzer nur nach §§ 684, 818 Ersatz verlangen**. Der **Eigentümer** kann sich daher auf Entreicherung gem. **§ 818 III** berufen. Für bloß **nützliche oder** gar **Luxusverwendungen** kann der unredliche Besitzer lediglich das **Wegnahmerecht gem. § 997** ausüben.

2. Die **Geltendmachung** des Verwendungsersatzanspruchs ist in den **§§ 1000 ff.** geregelt (vgl. SachenR I, Rn. 409 ff.). Danach steht dem **Besitzer** (sowohl dem gutgläubigen als auch dem bösgläubigen) **zunächst nur ein Zurückbehaltungsrecht gem. § 1000** zu. Dieses entfällt, sofern der Besitzer die Sache durch eine vorsätzliche unerlaubte Handlung erlangt hat, § 1000 S. 2. **Fällig wird der Verwendungsersatzanspruch gem. § 1001 erst, wenn der Eigentümer die Sache wiedererlangt oder wenn er die Verwendungen genehmigt**. Genehmigt der Eigentümer die Verwendungen trotz Aufforderung und Fristsetzung nicht, so gibt das Gesetz dem Besitzer **gem. § 1003 ein Verwertungsrecht**. Gibt der Besitzer die Sache zurück, bevor die Verwendung genehmigt wurde, so erlischt sein Verwendungsersatzanspruch, sofern er diesen nicht binnen 1 Monats bei beweglichen Sachen oder binnen 6 Monaten bei Grundstücken gerichtlich geltend macht, § 1002.

hemmer-Methode: Beachten Sie auch immer § 999, der den Verwendungsersatz bei Rechtsnachfolge regelt. Erwirbt jemand Eigentum an einer Sache, auf die von einem Dritten Verwendungen gemacht wurden, so haftet er für diese auch, wenn die Verwendungen zur Zeit des Eigentums des Vorgängers getätigt wurden, § 999 II. Gibt ein Besitzer, der Verwendungen auf die Sache gemacht hat, die Sache einem Dritten, so kann der Dritte gem. § 999 I auch Ersatz der Verwendungen des Vorbesitzers verlangen.

VII. Das Pfandrecht an beweglichen Sachen

Wesen/Bedeutung/Entstehung

Das Pfandrecht gem. §§ 1204 ff. gewährt dem Pfandrechtsinhaber ein dingliches Verwertungsrecht, § 1204 I, an der Pfandsache, mit Hilfe dessen er sich für die gesicherte Forderung befriedigen kann. Die Bedeutung dieser einzigen gesetzlich vorgesehenen Realsicherheit an beweglichen Sachen müsste eigentlich groß sein. Die Praxis hat dies jedoch überholt. Mit der Popularität der Sicherungsübereignung ist das Pfandrecht praktisch bedeutungslos geworden. Dennoch taucht es in Klausuren immer wieder auf, so dass es sich lohnt, sich mit dieser Sicherheit zu befassen (vgl. ausführlich SachenR II, Rn. 193 ff.).

1. **Nennen Sie die Voraussetzungen der Entstehung eines Pfandrechts an beweglichen Sachen.**
2. **Warum ist das Pfandrecht weniger beliebt als die Sicherungsübereignung?**

1. Die **Voraussetzungen für die Entstehung** eines Pfandrechts sind:

- **Einigung, § 1205 I**: Der Sicherungsgeber und der Sicherungsnehmer müssen sich darüber einigen, dass ein Pfandrecht an der Sache entstehen soll. **Diese Einigung ist ein dinglicher Vertrag**. Sie ist von dem schuldrechtlichen Sicherungsvertrag streng zu trennen.

- **Berechtigung, § 1205 I**: Da es sich um eine Verfügung handelt, kann grds. nur der Berechtigte diese vornehmen, also der Eigentümer oder der gem. § 185 Ermächtigte. *Allerdings gibt es auch einen gutgläubigen Erwerb, § 1207*, so dass dieser Mangel überwunden werden kann.

- **Übergabe, §§ 1205 - 1206**: Das Pfandrecht **entsteht nur, wenn der Sicherungsgeber willentlich seinen Besitz vollständig aufgibt und diesen auf den Sicherungsnehmer überträgt**. Dies kann also entweder wie eine Übergabe i.S.d. **§ 929 S. 1** erfolgen, **§ 1205 I S. 1,** oder wie eine Übergabe i.S.d. **§ 929 S. 2**, vgl. **§ 1205 I S. 2**. Ebenso kann **gem. § 1205 II** das Übergabesurrogat **wie bei § 931** gewählt werden, indem der Sicherungsgeber, der nur mittelbaren Besitz hat, diesen gem. § 870 auf den Sicherungsnehmer überträgt und die Verpfändung dem unmittelbaren Besitzer anzeigt. ***Eine gem. § 930 entsprechende Regelung fehlt hingegen gewollt***. *Unter den Voraussetzungen des § 1206 reicht ausnahmsweise (!) auch die Einräumung von Mitbesitz.*

- **Forderung**: Da das Pfandrecht **streng akzessorisch** ist, also vom Bestand der gesicherten Forderung abhängt, muss diese Forderung bestehen. **Allerdings reicht gem. § 1204 II auch eine bedingte oder künftige Forderung** aus, sofern der Entstehungsgrund bereits gelegt ist. *Gläubiger und Sicherungsnehmer müssen dabei identisch sein, während Schuldner und Sicherungsgeber auseinander fallen können*.

2. Der große Vorteil der Sicherungsübereignung gegenüber dem Pfandrecht besteht darin, dass das **Pfandrecht**, wie gesehen, **immer einen Verlust des unmittelbaren Besitzes für den Sicherungsgeber bedeutet**. Die **Sicherungsübereignung** hingegen wird regelmäßig **nach §§ 929, 930** vollzogen, **so dass der unmittelbare Besitz bei dem Sicherungsgeber verbleibt**. Er kann die Sache wirtschaftlich nutzen, um aus den Erlösen die gesicherte Forderung begleichen zu können.

hemmer-Methode: Dass ein Pfandrecht auch für eine künftige oder bedingte Forderung entstehen kann, ist wichtig für die Rangwirkung des § 1209, da der Rang so gewahrt wird, ohne dass die Forderung bereits besteht.

Das Pfandrecht an Rechten

Das Pfandrecht kann nicht nur an Sachen, sondern auch an Rechten bestellt werden, § 1273 I (vgl. SachenR II, Rn. 225 ff. und KreditsicherungsR, Rn. 43 ff.). Diese Verpfändung richtet sich im Wesentlichen nach den Vorschriften über das Pfandrecht an beweglichen Sachen, § 1273 II, sofern sich nicht aus den §§ 1274 ff. etwas anderes ergibt. Insbesondere sind bei der Verpfändung von Rechten auch die dingliche Einigung und das Bestehen der gesicherten Forderung erforderlich (Akzessorietät!). Besonders wichtig sind dabei insbesondere die Verpfändung einer hypothekarisch gesicherten Forderung sowie die Verpfändung einer Grundschuld.

1. **Wie wird eine Forderung verpfändet und wie wird dem sachenrechtlichen Publizitätsprinzip Rechnung getragen?**
2. **Welche Besonderheiten gelten bei der Verpfändung von Rechten, insbesondere bei Hypothek und Grundschuld?**
3. **Wie wird ein Anwartschaftsrecht an einer beweglichen Sache verpfändet?**

1. Gem. § 1274 I S. 1 richtet sich die Verpfändung eines Rechts nach den für die Übertragung des Rechts geltenden Vorschriften. Handelt es sich beispielsweise um eine **Forderung, § 1279**, so ist zur **Verpfändung eine Einigung gem. § 398** erforderlich. **Gem. § 1280 genügt dies allein noch nicht**. **Um dem sachenrechtlichen Publizitätsprinzip Rechnung zu tragen** und dem Schuldner der verpfändeten Forderung eine Leistung gem. §§ 1281 f. zu ermöglichen, **ist es zusätzlich erforderlich, dass die Verpfändung dem Schuldner angezeigt wird**.

*Im Übrigen enthält **§ 1275** eine Vorschrift zum Schutz des Drittschuldners, indem auf die **§§ 404 ff.** verwiesen wird, und § 1276 eine Schutzvorschrift zugunsten des Sicherungsnehmers, indem ab der Verpfändung eine Änderung des betroffenen Rechts nicht mehr ohne seine Zustimmung möglich ist.*

2. Eine Hypothek kann nicht verpfändet werden, wohl aber die durch sie gesicherte Forderung (s.o. 1.). Gem. § 1274 I S. 1 erfolgt die Verpfändung nach den jeweiligen Übertragungsvorschriften: also **durch Abtretung**, **§§ 398, 1153, 1154**, **schriftliche Verpfändungserklärung und Übergabe des Hypothekenbriefs, §§ 1274 I, 1205**. **Die Hypothek folgt der Forderung dann automatisch, § 1153**. *Auch wenn eine Forderung verpfändet wird, gilt § 1280 nicht, da zur Verpfändung der hypothekarisch gesicherten Forderung die bloße Abtretung nicht genügt. Es ist mit der Briefübergabe vielmehr ein zusätzlicher Akt erforderlich.*

Die **Grundschuld kann** hingegen **separat verpfändet** werden. Dies richtet sich **gem. § 1291** nach den Vorschriften der Forderungsverpfändung und damit **nach den Regeln über die Übertragung der Grundschuld, also §§ 1279, 1274 I, 1192, 1154, 398, 413**.

3. Das **Anwartschaftsrecht ist ein wesensgleiches minus zum Eigentum** an der Sache. Wenn es schon gem. § 929 ff. übereignet werden kann, muss diese Gleichstellung mit dem Eigentum erst Recht bei der Verpfändung gelten. Daher kann es **wie eine bewegliche Sache verpfändet** werden, ohne dass die §§ 1273 ff. eingreifen. *Erstarkt das Anwartschaftsrecht mit Bedingungseintritt zum Vollrecht (Eigentum), so setzt sich das Pfandrecht ohne Rangverlust analog § 1287 an der Sache selbst fort (sog. dingliche Surrogation*; vgl. KreditsicherungsR, Rn. 49).

hemmer-Methode: Unterscheiden Sie von der rechtsgeschäftlichen Verpfändung des Anwartschaftsrechts das Problem seiner Pfändung in der Zwangsvollstreckung. Hier ist streitig, ob die Regeln über bewegliche Sachen, Rechte oder sogar beide kombiniert anwendbar sind (vgl. KK 85).

VII. Das Pfandrecht an beweglichen Sachen

Gutgläubiger Erwerb/Übertragung

Fall 1:
Der Schuldner einer Forderung hat dem Gläubiger zu dessen Sicherung ein Pfandrecht bestellt. Dieser möchte das Pfandrecht versilbern, indem er es einem Dritten überträgt.

Wie kann der Gläubiger das Pfandrecht übertragen?

Fall 2:
Wie Fall 1; allerdings will der Gläubiger diesmal dem Schuldner die Forderung erlassen und nur noch das Pfandrecht behalten. Ist das möglich?

Fall 3:
Es bestand nie ein Pfandrecht; der Gläubiger tut jedoch so, als hätte er ein Pfandrecht an einer Sache des Schuldners und tritt nun die (tatsächlich existente) Forderung an den Dritten ab, der an die Existenz eines Pfandrechts glaubt.

Erwirbt der Dritte Forderung und Pfandrecht?

Beantworten Sie die aufgeworfenen Fragen.

Fall 1:

Ein **Pfandrecht kann übertragen** werden (vgl. KreditsicherungsR, Rn. 227 ff.). Dieses Sicherungsrecht ist jedoch **streng akzessorisch** und kann nicht ohne die zu sichernde Forderung bestehen. Das Gesetz sieht daher in § 1250 vor, dass das Pfandrecht **durch Abtretung der Forderung gem. §§ 1250 I, 398 übertragen** wird und dann **automatisch** - also unabhängig vom Willen der Beteiligten - mit auf den Zessionar übergeht, § 401 BGB. *Der Zessionar*, der allein durch die Abtretung bereits das Pfandrecht an der Sache erwirbt, *kann gem. § 1251 I die Herausgabe der Pfandsache verlangen und tritt dann gem. § 1251 II in die Position des ursprünglichen Pfandgläubigers ein.*

Fall 2:

Nein, **es ist nicht möglich, ein sog. „forderungsentkleidetes" Pfandrecht zu erhalten**. Während bei der Hypothek diese sich in eine Eigentümergrundschuld wandelt und damit als solche erhalten bleibt (vgl. KreditsicherungsR, Rn. 157 f.), fehlen derartige Regelungen beim Pfandrecht. **§ 1250 II schreibt zwingend vor, dass das Pfandrecht in diesem Fall erlischt**.

Fall 3:

Hier geht es um das **Problem des gutgläubigen Zweiterwerbs eines Pfandrechts**. Während ein Pfandrecht bei der Erstbestellung gem. § 1207 gutgläubig erworben werden kann, ist bei einem solchen Zweiterwerb der gutgläubige **Erwerb ausgeschlossen**. **Der Grund dafür liegt darin, dass der Erwerb hier nicht unmittelbar auf einem verfügenden Rechtsgeschäft beruht, sondern kraft Gesetzes gem. § 1250 I erfolgt**. I.Ü. fehlt es in diesen Fällen auch an einem ausreichenden Rechtsscheinsträger, da eine Übergabe nach dem Gesetz für die Übertragung nicht erforderlich ist.

hemmer-Methode: Unterscheiden Sie beim gutgläubigen Erwerb eines Pfandrechts - ebenso wie bei dem ähnlich gelagerten Problem der Vormerkung - also immer das Stadium des Erwerbs (Erst- oder Zweiterwerb). Ansonsten übersehen Sie ggf. das Hauptproblem.

VII. Das Pfandrecht an beweglichen Sachen

Unwirksamkeit des Sicherungsvertrages

Fall 1:

Der Schuldner (SG) schuldet dem Gläubiger (SN) aus einem Darlehensvertrag 1.000 000 €, die er mit 42% pro Jahr zu verzinsen hat. Für diese Forderung hat der SG dem SN eine ganze Reihe von Sachen verpfändet. Nun will er die Pfandsachen herausverlangen, da er meint, die Pfandrechte seien nicht wirksam bestellt worden.

Fall 2:

Wie Fall 1, nur dass die Forderung nur 100 000 € beträgt, zu 9% jährlich zu verzinsen ist und der SN neben den Pfandrechten noch Bürgschaften, Hypotheken und Sicherungsübereignungen im Wert von 2 Mio. € verlangt und erhalten hat.

Kann der Sicherungsgeber in beiden Fällen die Pfandsachen herausverlangen?

Fall 1:

Der SG könnte einen **Herausgabeanspruch gem. § 985** haben. Zweifellos ist der **SG Eigentümer** der Sache geblieben, da die Pfandrechtsbestellung nicht zu einem Eigentumsverlust führt, sondern lediglich zu einer Belastung des Eigentums. Der **SN ist auch Besitzer**. **Fraglich ist** jedoch, ob der SN ein **Recht zum Besitz** hat. Das wäre der Fall, wenn er ein **wirksames Pfandrecht** erlangt hätte, da dieses ein **Recht zum Besitz i.S.d. § 986 I S. 1** gewährt, **arg. e §§ 1205, 1223 I, 1253 I. Eine wirksame Pfandrechtsbestellung setzt jedoch aufgrund der Akzessorietät das Bestehen der zu sichernden Forderung voraus. Diese ist** im Fall jedoch aufgrund des hohen Zinssatzes **gem. § 138 I unwirksam**. Der Anspruch aus § 812 BGB tritt nicht automatisch an die Stelle der unwirksamen Darlehensforderung (BGH). Mithin konnte nie ein Pfandrecht entstehen, so dass der SN kein Recht zum Besitz hat. **Der SG hat mit seinem Begehren Erfolg**.

Fall 2:

Dieser Fall ist nicht so einfach zu lösen wie der vorangegangene. Denn in diesem Fall ist die **Forderung wirksam** entstanden. Denn ein Fall des § 138 liegt hinsichtlich der zu sichernden Forderung nicht vor. Allerdings hat der SN sich Sicherheiten bestellen lassen, die den Wert der zu sichernden Forderung um 2000% übersteigen. Dies führt aufgrund der immensen **Übersicherung bzw. der Knebelung des SG** (je nach Einzelfall) dazu, dass **die Sicherungsabrede/der Sicherungsvertrag gem. § 138 nichtig** ist. Fraglich ist nun, wie sich dies auf die Pfandrechtsbestellung auswirkt. **Einerseits könnte man bereits die wirksame Pfandrechtsbestellung verneinen, wenn man gem. § 139 Sicherungsvertrag und Pfandrechtsbestellung als einheitliches Rechtsgeschäft ansieht. Andererseits kann** - **wenn man die Anwendbarkeit des § 139 ablehnt** - **das Pfandrecht gem. § 812 I S. 1 Alt. 1 herausverlangt werden, da mangels wirksamen Sicherungsvertrages kein Rechtsgrund besteht. Gegen die Anwendung des § 139 spricht, dass auf diese Weise das Abstraktionsprinzip ausgehöhlt wird**. Daher sollte man sich **für § 139 nur in Ausnahmefällen** entscheiden; nämlich, wenn die Parteien Grund- und Erfüllungsgeschäft ersichtlich als Einheit betrachtet haben (vgl. auch KreditsicherungsR, Rn. 110 ff.).

hemmer-Methode: Ob Sie § 139 in der Klausur anwenden oder nicht, ist im Ergebnis irrelevant. Wichtig ist nur, dass Sie das Spannungsverhältnis zum Abstraktionsprinzip darstellen und die Vorgaben des Einzelfalls genau auslegen, um zu ermitteln, ob der Wille der Parteien für eine Einheitlichkeit i.S.d. § 139 ausreichend erkennbar wird.

VII. Das Pfandrecht an beweglichen Sachen

Der Schutz des Pfandrechts

Der Sicherungsgeber hat dem Sicherungsnehmer wirksam ein Nutzungspfandrecht (§ 1213) an seinem Pkw bestellt, indem er ihm diesen übergeben hat. Der SN hat den Pkw vor seinem Haus geparkt.

1. Ein Dritter (D) fährt aus Unachtsamkeit in den Pkw hinein und beschädigt ihn. Der SN sieht seine Sicherheit beeinträchtigt.
2. Der Dritte stiehlt den Wagen, nutzt ihn ein halbes Jahr lang, beschädigt ihn dabei und wird dann erwischt.

Auf welche Weise ist der SN gegen die genannten Beeinträchtigungen geschützt? Was kann er unternehmen bzw. verlangen?

Fall 1:

Gem. § 1227 finden für den Schutz des Pfandgläubigers (SN) die Vorschriften zum Schutz des Eigentümers entsprechende Anwendung.

Der SN kann daher **gem. § 823 I Schadensersatz** verlangen. *Diese Verweisung ist allerdings bzgl. § 823 I nur deklaratorisch, da das Pfandrecht allemal als dingliches Recht ein sonstiges Recht i.S.d. § 823 I darstellt.*

Bei weiteren drohenden Schädigungen kann der SN auch **Unterlassung gem. § 1004** verlangen.

Fall 2:

Der SN kann einerseits Herausgabe der Pfandsache gem. §§ 1227, 985 verlangen.

Weiter kann er **gem. §§ 1227, 989, 990 I Schadensersatz** für die Beschädigungen verlangen, die in der Zeit begangen wurden, in denen der Dritte den unberechtigten Besitz an der Sache hatte.

In diesem Fall kann der SN auch **Nutzungsersatz gem. §§ 1227, 987** für die Zeit verlangen, in denen der Dritte Nutzungen aus der Sache gezogen hat. *Dies ist allerdings normalerweise beim Pfandrecht nicht der Fall, da der SN grds. nicht befugt ist, die Pfandsache zu nutzen.* Dieses Recht hat er *nur im Fall des § 1213* beim Nutzungspfand.

hemmer-Methode: In der Zwangsvollstreckung ist der Pfandrechtsinhaber durch § 805 ZPO geschützt.

Neben den vorgenannten Ansprüchen kommen immer auch die Ansprüche in Betracht, die sich allein aus dem Besitz herleiten, wie §§ 861, 862, 1007. Diese resultieren jedoch nicht aus den Besonderheiten des Pfandrechts, sondern beruhen allein auf dem Schutz des Besitzes.

Einreden beim Pfandrecht

Der Schuldner S hat ein Darlehen von dem Gläubiger Gl. erhalten. Da letzterer eine Sicherheit verlangt, die der S ihm allerdings nicht gewähren kann, bittet S den Dritten D, dem Gl seinen Pkw zu verpfänden. Dem kommt der D auch nach.

1. Da S arglistig getäuscht wurde, könnte S den Darlehensvertrag anfechten, was er allerdings noch nicht getan hat. Als Gl. das Pfand verwerten will, überlegt D, ob er dagegen etwas unternehmen kann.
2. Wie 1., nur dass der S nicht anfechten kann, sondern die Darlehensforderung inzwischen verjährt ist.

Kann D sich gegen die Verwertung seines Pkw wehren?

Fall 1:

Ähnlich wie bei anderen Sicherungsmitteln ist es auch beim Pfandrecht möglich, dass ein Dritter, der nicht der persönliche Schuldner ist, *für die Forderung des Schuldners eine Sicherheit gibt*. Das ist hier wirksam geschehen. Da die Forderung auch noch nicht wirksam angefochten wurde, was gem. § 142 I zum Erlöschen der gesicherten Forderung und damit gem. § 1252 zum Erlöschen des Pfandrechts führen würde, steht der Verwertung durch den Gl. eigentlich nichts im Wege.

Allerdings bestimmt § 1211, welche Einreden der Sicherungsgeber geltend machen kann. Durch **Verweis auf** die aus dem Bürgschaftsrecht stammende Vorschrift des **§ 770 I**, gewährt das Gesetz dem Dritten die **Einrede der Anfechtbarkeit: Der Sicherungsgeber kann zwar nicht selbst anfechten, da diese Entscheidung allein dem Schuldner überlassen bleiben soll, er kann aber diese Einrede erheben.**

Prozessual kann diese Einrede durch Klage auf Unterlassung der Pfandverwertung geltend gemacht werden.

Fall 2:

Grds. könnte der Dritte hier gem. § 1211 auch die Einrede der Verjährung, § 214 I, erheben und geltend machen, da er nach § 1211 I S. 1 auch die Einreden des persönlichen Schuldners erheben kann. **Allerdings trifft § 216 I eine abweichende Sonderbestimmung** (vgl. KreditsicherungsR, Rn. 197 f.). **Danach soll die Pfandverwertung nicht durch eine inzwischen eingetretene Verjährung gehindert werden.** Daher kann der Dritte sich auch nicht auf die Einrede der Verjährung berufen. Mithin kann er nichts gegen die Verwertung unternehmen.

hemmer-Methode: Beachten Sie, dass bei dauerhaften Einreden sogar die Rückgabe der Pfandsache verlangt, § 1254, und damit das Erlöschen des Pfandrechts gem. § 1253 herbeigeführt werden kann. Dies gilt allerdings nicht für die Einrede der Verjährung, § 216 II S,1.

VII. Das Pfandrecht an beweglichen Sachen

Der Rückgriff

Fall 1:
Wieder hat ein Dritter D als Freundschaftsdienst seinen Pkw für eine Darlehensforderung des Gl. gegen den S verpfändet. Da S jedoch trotz Fälligkeit nicht zahlen kann, befriedigt der D den Gl gem. § 1223 II, weil er Angst hat, dass sein Pkw sonst verwertet wird.

Kann D jetzt seinen Pkw herausverlangen? Kann er etwas von S verlangen?

Fall 2:
Wie Fall 1, nur dass auch der Freund F zusätzlich seinen Pkw für die gleiche Forderung an den Gl. verpfändet hatte, da der Wert des einen Pkw zur Sicherung nicht ausreichte.

Was kann D jetzt von F verlangen?

Fall 3:
Wie Fall 2, nur dass der F kein Pfandrecht, sondern eine Bürgschaft gegeben hatte.

Was kann D jetzt von S verlangen?

Nehmen Sie zu den aufgeworfenen Fragen Stellung?

Fall 1: Den Pkw kann der D jetzt von dem Gl. gem. § 1223 II sowie gem. §§ 985, 1256 I S. 1 herausverlangen, da er den Gl. befriedigt hat.

Gem. § 1225 I S. 1 geht die gesicherte **Darlehensforderung kraft Gesetzes auf D über**, soweit er den Gl. befriedigt hat. Da er die gesamte Forderung beglichen hat, geht die Forderung hier also grds. im vollem Umfang auf D über. **Allerdings verweist § 1225 I S. 2 auf** die Rückgriffsregelung aus dem Bürgschaftsrecht, **§ 774** (vgl. dazu KreditsicherungsR, Rn. 273 ff.). **Aus § 774 I S. 3 ergibt sich, dass der Forderungsübergang sich nur in dem Ausmaß vollziehen soll, als der D im Innenverhältnis von dem S Erstattung verlangen kann**. Da der D hier als Freundschaftsdienst unentgeltlich aufgrund eines **Auftrages gem. § 662** gehandelt hat, kann er **gem. § 670 vollen Ausgleich** verlangen. Daher geht die Forderung voll auf ihn über.

Fall 2: Wiederum erwirbt der D - wie in Fall 1 - die volle Darlehensforderung gegen den S. **Fraglich ist jedoch, ob er auch das Pfandrecht am Pkw des F erwirbt. Grds. gehen aufgrund der cessio legis gem. §§ 412, 401 auch die Sicherungsrechte, wie hier das Pfandrecht, über.**

In dem Fall, dass zwei Personen eine Sache verpfänden, gilt aufgrund der Verweisung des § 1225 I S. 2 allerdings auch § 774 II, der auf § 426 verweist. Das heißt, dass die **Grundsätze einer Gesamtschuld** entsprechend gelten. **Gesamtschuldner haften grds.**, soweit keine anderweitigen Vereinbarungen getroffen wurden, **hälftig.** Daraus ergibt sich, dass der D zwar das Pfandrecht des F erlangt, aber **nur Ausgleich in Höhe der Hälfte** der ursprünglichen Forderung verlangen kann (vgl. auch KreditsicherungsR, Rn. 285 f.).

Fall 3: Hier treffen **Pfandrecht und Bürgschaft** aufeinander. Obwohl insoweit **keine ausdrückliche gesetzliche Regelung** besteht, **gilt nach h.M. das Gleiche wie in Fall 2**. **Dagegen** wird in der **Literatur** die Auffassung vertreten, dass der **Bürge** aufgrund der Wertung des § 776 **immer privilegiert** sei **und daher keinem Regress ausgesetzt** sei. **Dies wird von der Rspr. jedoch abgelehnt, da** es erstens der Verweisung auf § 774 II widerspreche und außerdem **nicht interessengerecht** sei, dem Bürgen Regress zu gewähren, im umgekehrten Verhältnis dagegen nicht (vgl. auch KreditsicherungsR, Rn. 287 f.).

hemmer-Methode: Dieser Streit ist examensrelevant! Verinnerlichen Sie diese Problematik!

VII. Das Pfandrecht an beweglichen Sachen

Gutgläubiger Erwerb gesetzlicher Pfandrechte

Neben den rechtsgeschäftlichen Pfandrechten gibt es auch Pfandrechte, die kraft Gesetzes entstehen. Dies ist insbesondere in § 647 für das Unternehmerpfandrecht und in den §§ 421, 397, 410 und 440 HGB vorgesehen. Bei diesen handelt es sich um sog. Besitzpfandrechte, da hier das Entstehen des Pfandrechts immer mit der Besitzerlangung einhergeht. Als sog. gesetzliche besitzlose Pfandrechte kennt das Gesetz das Vermieter-/Verpächterpfandrecht, §§ 562, 581 II, sowie das Gastwirtspfandrecht, § 704.

Gibt es einen gutgläubigen Erwerb eines gesetzlichen Besitzpfandrechts, insb. des Werkunternehmerpfandrechts?

Ob ein gutgläubiger Erwerb eines gesetzlichen Besitzpfandrechts, wie des Werkunternehmerpfandrechts, möglich ist, ist Gegenstand eines bekannten Streites.

Ausgangspunkt dessen ist, dass § 1257 für die gesetzlichen Pfandrechte grds. die Vorschriften über das Vertragspfandrecht, also die §§ 1204 ff. für anwendbar erklärt. In §§ 1207 f. ist der gutgläubige Erwerb eines Pfandrechts vorgesehen, so dass eine Ansicht aufgrund dieser Verweisung einen gutgläubigen Erwerb für möglich erachtet.

Die **Rspr**. **hält** dem jedoch den **Wortlaut des § 1257 entgegen, der nur für „ein kraft Gesetzes entstandenes“** (!) **Pfandrecht auf die §§ 1204 ff. verweist**. Die Verweisung setzt daher voraus, dass das **Pfandrecht bereits entstanden** ist. *Ferner würde durch die Verweisung auf §§ 1207 f. die im Gesetz (§ 647) ausdrücklich geforderte Entstehungsvoraussetzung „Berechtigung“ („Sachen des Bestellers“) umgangen.*

Dem hält ein **Teil der Literatur entgegen**, dass der **Gesetzgeber in § 366 III HGB die Möglichkeit eines gutgläubigen Erwerbs eines gesetzlichen Pfandrechts voraussetze**. Dem kann man jedoch entgegenhalten, dass **§ 366 III HGB** eine **Sondervorschrift des Handelsrechts** darstellt, aus der sich für das allgemeine bürgerliche Recht nichts ableiten lässt.

Ferner spricht **gegen einen gutgläubigen Erwerb** des Werkunternehmerpfandrechts, dass die **Gutglaubensregeln auch sonst nur auf den rechtsgeschäftlichen Erwerb, nicht aber den Erwerb kraft Gesetzes Anwendung finden**.

Verneint man i.E. den Gutglaubenserwerb des gesetzlichen Pfandrechts, so ist zu beachten, dass - sogar wirksam in AGB - vereinbart werden kann, dass der Besteller dem Werkunternehmer ein rechtsgeschäftliches Pfandrecht bestellt, das dann gem. § 1207 gutgläubig erworben werden kann.

hemmer-Methode: Beide Ansichten sind gut vertretbar; entscheiden Sie diesen Streit daher klausurtaktisch!

Beachten Sie: Erläutern Sie diesen Streit nie bei den besitzlosen gesetzlichen Pfandrechten, denn dort fehlt es schon an dem Rechtsscheinträger Besitzverschaffungsmacht, so dass hier ganz einhellig ein gutgläubiger Erwerb abgelehnt wird!

VII. Das Pfandrecht an beweglichen Sachen

Das Pfändungspfandrecht

Unterscheiden Sie die Verpfändung einer Sache gem. §§ 1204 ff. immer streng von der Pfändung einer Sache. Die Verpfändung ist eine rechtsgeschäftliche Verfügung zwischen zwei Privatrechtssubjekten. Die Pfändung hingegen ist eine Maßnahme der Zwangsvollstreckung, die mit einer rechtsgeschäftlichen Verfügung wenig gemeinsam hat.

1. **Entsteht bei der Pfändung auch ein Pfandrecht? Was für eines?**
2. **Welche Rechtsnatur hat dieses Pfandrecht?**

Frage 1:

Bei einer Pfändung im Wege der Zwangsvollstreckung in bewegliche Sachen gem. § 803 I S. 1 ZPO entsteht **gem. § 804 I ZPO** ein sog. **Pfändungspfandrecht**.

Frage 2:

Die Rechtsnatur des Pfändungspfandrechts ist umstritten (vgl. ausführlich ZPO II, Rn. 130).

Die **privatrechtliche Theorie** sieht **keinen Unterschied zwischen** einem **Pfändungspfandrecht und** einem **Vertragspfandrecht**; sie will beide vielmehr gleich behandeln und so z.B. auch die Vorschriften über gutgläubigen Erwerb gem. §§ 1207 ff. anwenden. *Diese Theorie wird heute nicht mehr vertreten*, da sie den hoheitlichen Charakter der Zwangsvollstreckung verkennt.

Die **öffentlich-rechtliche Theorie** setzt dieses **Pfändungspfandrecht** hingegen **als rein hoheitliches Recht** an. Es soll daher ganz unabhängig von der Eigentumslage entstehen. Gegen diese Theorie spricht, dass sie sich in Widersprüche verstrickt, wenn sie einerseits zwar die Entstehung eines Pfändungspfandrechts bejaht, andererseits aber darin keine materiell-rechtliche Befriedigungsbefugnis sieht und daher einen Bereicherungsausgleich zulässt.

Die **gemischt öffentlich-rechtlich-privatrechtliche Theorie (h.M.)** dagegen sieht das **Pfändungspfandrecht** zwar **als privates Pfandrecht** an, und betrachtet lediglich die **Verstrickung als öffentlich-rechtlich**. Sie vermeidet durch diese Aufspaltung die oben genannten Widersprüche der öffentlich-rechtlichen Theorie, so dass ihr der **Vorzug zu geben** ist.

hemmer-Methode: Nehmen Sie zu diesem Streit nicht bei jeder Vollstreckungsklausur Stellung, sondern nur, wenn es darauf ankommt! „Wissensanbiederung" gibt wenig Punkte.

Auch wenn Sie der h.M. folgen und damit das Pfändungspfandrecht als zivilrechtlich ansehen, wenden Sie nicht blind die §§ 1204 ff. an. Denn diese §§ gelten nur, soweit nicht Vorschriften und Wesen der Zwangsvollstreckung dem entgegenstehen!

VIII. Das Anwartschaftsrecht

Begriff und Wesen

Der Gesetzgeber hatte vor 100 Jahren nur an Vollrechte wie das Eigentum gedacht und daher auch nur diese geregelt. In der Zwischenzeit hat sich jedoch gezeigt, dass es auch ein Bedürfnis danach gibt, bei mehrgliedrigen Erwerbstatbeständen Zwischenformen und Vorstufen zum Vollrecht anzuerkennen und besonderen Regelungen zu unterwerfen. Diese Vorstufen werden Anwartschaftsrecht (AWR) genannt.

1. **Definieren Sie, wann ein AWR vorliegt.**
2. **Nennen Sie die häufigsten Erscheinungsformen.**

1. Ein Anwartschaftsrecht entsteht immer dann, wenn eine gesicherte Rechtsposition besteht. Diese entsteht bei einem mehrgliedrigen Erwerbstatbestand, wenn bereits so viele Voraussetzungen des Erwerbs des Vollrechts erfüllt sind, dass der bisherige Inhaber des Vollrechts den Erwerb durch den anderen nicht mehr einseitig verhindern kann (vgl. SachenR II, Rn. 127). Das Vollrecht selbst darf aber noch nicht entstanden sein, da es sich sonst bereits um das Vollrecht und nicht mehr um das Anwartschaftsrecht handelt. Unter diesen Voraussetzungen ist das **AWR ein „wesensgleiches minus zum Vollrecht".** *Daraus folgt, dass es im Wesentlichen wie das Vollrecht selbst behandelt wird.*

2. Die **häufigsten Erscheinungsformen** des AWR sind (vgl. SachenR II, Rn. 130 ff.):

- Das **Recht des Käufers bei einem Vorbehaltskauf** (§§ 449 I, 929, 158) **vor dem Bedingungseintritt (zum Eigentumsvorbehaltskauf vgl. aktuell BGH Life&Law 2007, 89 ff.)**.
- Das **Recht des Sicherungsgebers bei einer auflösend bedingten Sicherungsübereignung**
- Das **Recht des Nacherben nach dem Erbfall, aber vor Eintritt des Nacherbfalls**; nicht hingegen die bloße Hoffnung auf eine Erbschaft nach Testamentserrichtung oder Abschluss eines Erbvertrages.
- Das **Recht des Grundstückskäufers nach bindender Auflassung und Eintragungsantrag**, wenn der Eintragungsantrag vom Erwerber oder von Veräußerer und Erwerber gemeinsam gestellt wurde.
- Das **Recht des Grundstückskäufers** nach **bindender Einigung** und **Eintragung einer Auflassungsvormerkung**.
- Das **Recht des Brief-Grundpfandrechtsinhabers zwischen Entstehung und Briefübergabe bzw.** bei der **Hypothek vor Valutierung**.

hemmer-Methode: Einige dieser genannten AWR beziehen sich nicht auf bewegliche Sachen. Diese sollen im Folgenden nicht näher erörtert werden, da es hier nur um bewegliche Sachen geht. Ausschlaggebend sind mithin nur die beiden ersten Fälle eines AWR.

VIII. Das Anwartschaftsrecht

Entstehung und Übertragung des AWR

Das AWR entsteht durch einen mehraktigen Erwerbsvorgang. Bei den hier relevanten Fällen der Veräußerung unter Eigentumsvorbehalt und der auflösend bedingten Sicherungsübereignung entsteht das AWR mithin in dem Moment, in dem der Verkäufer/Sicherungsgeber die Sache dem anderen Teil übergibt bzw. das Besitzkonstitut vereinbart, und sich die Parteien über den bedingten Übergang des Eigentums einigen. Es müssen also alle Voraussetzungen des Vollrechtserwerbs bis auf den Bedingungseintritt vorliegen (vgl. SachenR II, Rn. 140 ff.).

1. **Ist bei der Sicherungsübereignung regelmäßig von einer auflösenden Bedingung gem. § 158 II auszugehen?**
2. **Wie wird ein so entstandenes AWR übertragen?**

1. Nein, regelmäßig wird man nicht von einer solchen Bedingung ausgehen können. **Insbesondere bei Banken**, die wohl die häufigsten Sicherungsnehmer der Sicherungsübereignung sind, **muss man davon ausgehen, dass die Bank sich lediglich schuldrechtlich verpflichten will, nach vollständiger Rückzahlung der gesicherten Forderung die Sache zurück zu übereignen**. **In diesem Fall entsteht beim SG kein AWR.** In der Klausur wird man daher die Sicherungsvereinbarung sorgfältig auslegen und im Zweifel ein AWR ablehnen müssen.

2. Das **AWR ist ein wesensgleiches Minus zum Vollrecht** und damit dem Eigentum vergleichbar. Daher wird es auch *nicht wie sonstige Rechte gem. § 398 übertragen*, sondern **wie das Vollrecht gem. §§ 929 ff. analog** (vgl. SachenR II, Rn. 152). Dies gebietet schon das sachenrechtliche Publizitätsprinzip, das auch für das AWR gilt.

Dabei ist streng zwischen der Übereignung des Eigentums und der Übertragung des AWR zu unterscheiden: Der AWR-Inhaber kann als Berechtigter auch ohne Zustimmung des Vollrechtsinhabers verfügen; über das Eigentum selbst kann er jedoch nur als Nichtberechtigter verfügen (ggf. gutgläubigen Erwerb prüfen). *Sollte das Eigentum übertragen werden, scheitert dies jedoch, so ist dies regelmäßig dahin auszulegen oder umzudeuten, dass zumindest das AWR übertragen werden soll.*

Das **AWR kann auch zur Sicherheit gem. §§ 929, 930 analog übertragen werden** (vgl. SachenR II, Rn. 153). Der bisherige AWR-Inhaber mittelt dann vorrangig dem Eigentümer und nachrangig dem AWR-Erwerber den Besitz und vermittelt erst nach Bedingungseintritt allein dem AWR-Erwerber, der dann Eigentümer geworden ist, den Besitz.

Wird das AWR übertragen, so wird der AWR-Erwerber mit Bedingungseintritt automatisch, also ohne Durchgangserwerb des bisherigen AWR-Inhabers, Volleigentümer.

hemmer-Methode: Das AWR kann auch in der Zwangsvollstreckung Bedeutung haben und so in die Klausur eingebaut werden: Es ist nämlich ein „die Veräußerung hinderndes Recht“ i.S.d. § 771 ZPO.

VIII. Das Anwartschaftsrecht

Gutgläubiger Erwerb des AWR

Dass der AWR-Inhaber selbst sein AWR übertragen kann, wurde eben gezeigt. Da das AWR jedoch ein wesensgleiches Minus zum Eigentum ist, stellt sich die Frage, ob daraus auch die Möglichkeit eines Gutglaubenserwerbs des AWR folgt (vgl. SachenR II, Rn. 154 ff.):

1. A gibt sich als Eigentümer aus und verkauft und übereignet dem B die Sache unter der Bedingung der vollständigen Kaufpreiszahlung. Wirklicher Eigentümer ist X.
2. A sagt gleich, dass er nicht Eigentümer ist, behauptet aber, ein AWR an der Sache zu haben. Es existiert zwar ein AWR, dies steht jedoch dem X zu.
3. Wie 2. In Wirklichkeit existiert jedoch überhaupt kein AWR, weil X die zugrundeliegende Kaufpreisforderung bereits erfüllt hatte.

Hat B jeweils gutgläubig ein AWR erwerben können?

1. Im ersten Fall hat A sich als Eigentümer ausgegeben. Als solcher hätte er bei unterstellter Gutgläubigkeit **dem B problemlos sogar Volleigentum verschaffen können. Dann muss er B erst Recht als Minus das AWR an der Sache verschaffen können**. *Wird der B später, d.h. nach Erwerb des AWR bösgläubig, weil X ihn über die wahre Eigentumslage aufklärt, so schadet ihm das nicht. Denn für den Erwerb des AWR ist der Zeitpunkt der Vollendung des Erwerbstatbestandes maßgeblich*; der spätere Erwerb des Volleigentums vollzieht sich dann automatisch durch Bedingungseintritt (*arg. e § 161*).

2. Wie dieser Fall zu behandeln ist, wird **sehr kontrovers** diskutiert (vgl. SachenR II, Rn. 156 f.). **Gegen einen gutgläubigen Erwerb spricht, dass der Veräußerer, der zugibt nicht der Eigentümer zu sein selbst den Rechtsschein des Besitzes zerstört**. Ferner ist das AWR, da es von einer schuldrechtlichen Grundlage abhängig und somit wesentlich schwächer ist, insoweit nicht mit dem Eigentum vergleichbar**. Dagegen hält die wohl h.M. einen gutgläubigen Erwerb gem. §§ 932 ff. analog für möglich**. Denn der **gute Glaube an das AWR** als wesensgleiches minus, als in Entwicklung befindliches Eigentum, **muss in Verbindung mit dem Rechtsscheinträger Besitz die gleichen Gutglaubenswirkungen haben**, **wie der gute Glaube an das Eigentum**.

3. In dieser Variante scheidet nach ganz h.M. der gutgläubige Erwerb eines AWR aus. *Es besteht ja keine Kaufpreisforderung mehr, durch deren Erfüllung das AWR noch zum Vollrecht werden könnte.*

hemmer-Methode: Beachten Sie, dass im zweiten Fall nur ein Schutz hinsichtlich der Existenz des AWR besteht, jedoch kein Schutz hinsichtlich des schuldrechtlichen Teils. Waren nur 10 € auf das AWR anbezahlt und glaubte der Erwerber, dass bereits 10.000 € anbezahlt seien, so muss er auch die zusätzlichen 9.990 € zahlen, um den Bedingungseintritt herbeizuführen.

Sound: Gutgläubiger Erwerb beim AWR ist möglich, soweit das Defizit im dinglichen Bereich liegt. Defizite im schuldrechtlichen Bereich werden durch die §§ 932 ff. analog nicht überwunden!

VIII. Das Anwartschaftsrecht

Schutz gegen Zwischenverfügungen

Schwierige und damit klausurrelevante Probleme ergeben sich, wenn der Eigentümer vor Bedingungseintritt Verfügungen über das Vollrecht trifft, die dem AWR des AWR-Inhabers widersprechen. Es fragt sich, wie der AWR-Berechtigte geschützt wird.

Fall: V verkauft K eine Sache unter Eigentumsvorbehalt. Wenig später und vor Bedingungseintritt überträgt der V das Eigentum an der Sache gem. § 930 zur Sicherheit an den Dritten D.

1. **Wie stellt sich die Eigentumslage jetzt dar?**
2. **Was ist mit dem AWR geschehen?**
3. **Was geschieht mit Bedingungseintritt?**

Frage 1:

Der **V**, der ja mangels Bedingungseintritts noch Volleigentümer geblieben war, **konnte wirksam das Eigentum gem. §§ 929, 930 auf den D übertragen**. *Ob er damit gegen eine Verpflichtung aus dem Kaufvertrag verstößt, ist für die dingliche Wirkung irrelevant.*

Frage 2:

Es stellt sich jedoch die **Frage, ob der D gutgläubig lastenfrei erworben hat**, also das AWR durch den Eigentumserwerb des D erloschen ist. **Dies ist gem. § 161 III i.V.m. § 936 möglich** (vgl. dazu SachenR II, Rn. 158 ff.). **Allerdings scheitert dies gem. § 936 I S. 3**, da der Dritte (hier der AWR-Berechtigte) den unmittelbaren Besitz hatte und immer noch hat. **Das AWR ist** mithin trotz der Übereignung an den D **bestehen geblieben**. D hat mithin nur „belastetes" Eigentum erworben.

Frage 3:

Daraus folgt auch zwingend, was mit dem AWR bei Bedingungseintritt geschieht. **Gem. § 161 I sind solche Verfügungen, die der V in der Schwebezeit trifft, mit Bedingungseintritt unwirksam, sofern sie der bedingten Übereignung an den K widersprechen. Das bedeutet, dass der D mit Bedingungseintritt sein belastet erworbenes Eigentum verliert und K** ohne Durchgangserwerb des V **Volleigentümer wird**. Dieser Eigentumsverlust des D erfolgt sogar rückwirkend.

hemmer-Methode: Diese Regelungen gelten für das AWR bei der auflösend bedingten Sicherungsübereignung entsprechend, da § 161 II diesen Fall vergleichbar regelt.

Darüber hinaus ist der AWR-Berechtigte gem. § 160 durch einen ergänzenden Schadensersatzanspruch geschützt. Einen weiteren Schutz des AWR-Inhabers gewährt § 162, indem es die arglistige Vereitelung des Bedingungseintritts dem Eintritt der Bedingung gleichstellt.

VIII. Das Anwartschaftsrecht

Schutz gegen Herausgabeverlangen

Grundsätzlich ist der AWR-Inhaber gegenüber dem Volleigentümer aufgrund der schuldrechtlichen Beziehungen zwischen den beiden gem. § 986 I zum Besitz berechtigt. Der AWR-Inhaber kann somit im Regelfall sicher sein, dass niemand ihm mit Erfolg seinen Besitz streitig machen kann. Es gibt aber auch besondere Fälle, wo dies nicht gilt und das Besitzrecht dadurch gefährdet wird:

1. K erwirbt von V eine Sache unter Eigentumsvorbehalt. Anschließend übereignet der V die Sache nochmals gem. § 931 zur Sicherheit an eine Bank B.
2. Wie eben. Jetzt übereignet K jedoch sein AWR zur Sicherheit an seine Bank B, der die Sache auch übergeben wird.

1. Kann bei 1. die B die Sache von K herausverlangen?

2. Kann bei 2. der V die Sache von B herausverlangen?

1. Grundsätzlich gibt der **Kaufvertrag** dem Vorbehaltskäufer ein **Recht zum Besitz gem. § 986 I S. 1**, so dass er gegen das Herausgabeverlangen des Verkäufers geschützt ist. Hier ist der Vorbehaltsverkäufer jedoch gar nicht mehr Eigentümer, sondern die B. **Mit der B hat der K nie einen Vertrag geschlossen, so dass er sich ihr gegenüber nicht auf ein Recht zum Besitz gem. § 986 I S. 1 berufen kann. Der Gesetzgeber hat jedoch an diesen Fall gedacht und ihn in § 986 II geregelt** (vgl. SachenR II, Rn. 162 f.). Danach kann sich der Besitzer einer Sache, hier der K, auf sein Recht zum Besitz berufen, das sich schuldrechtlich nur gegen den Voreigentümer richtet, wenn die Übereignung, wie hier gem. § 931, erfolgt ist. **Somit muss K die Sache nicht der Bank herausgeben.**

Dieser Tatbestand des *§ 986 II* wird über den Wortlaut hinaus *analog auch auf die Übereignung gem. § 930* angewandt.

2. Im zweiten Fall greift § 986 II nicht zugunsten der Bank ein. Sie kann sich auch sonst auf keine schuldrechtlichen Beziehungen zu dem V berufen, so dass die **Gefahr** besteht, **dass sie die Sache herausgeben muss**. Dies wird teilweise jedoch als unbillig empfunden. **Daher vertritt die h. Lit. die Auffassung, dass das AWR ein gegenüber dem Eigentümer wirkendes Recht zum Besitz i.S.d. § 986 I S. 1 begründet**. Denn der V habe mit der Übertragung des AWR das diesem innewohnende Recht zum Besitz mitübertragen, was K wiederum auf die B weiterübertragen habe (vgl. SachenR II, Rn. 165). **Die Rspr. lehnt dies jedoch ab, da das AWR als minus zum Eigentum eben doch schwächer sei als das Eigentum selbst**. Sie will **in Ausnahmefällen** jedoch mit **§ 242** helfen: nämlich dann, wenn der AWR-Berechtigte sogleich darauf mit Zahlung des Restbetrages die Bedingung herbeiführen kann, so dass der V die Sache sogleich wieder herausgeben müsste (*dolo agit*, *qui petit, quod statim redditurus est*). **Nach vermittelnder a.A. soll danach differenziert werden, ob der AWR-Inhaber zur Übertragung des AWR berechtigt war oder nicht** (vgl. SachenR II, Rn. 167).

hemmer-Methode: Bei der Frage, ob ein AWR ein dingliches Recht zum Besitz begründet, muss in der Klausur immer erst noch geprüft werden, ob dieses AWR nicht vorher erloschen ist. Dies könnte im vorliegenden Fall durch Ausübung des Rücktritts des K (vgl. § 449 II) geschehen sein. Dann erübrigt sich ein Eingehen auf dieses Problem!

VIII. Das Anwartschaftsrecht

Schutz vor nachträglicher Erweiterung

Hat der Vorbehaltskäufer einmal ein AWR erlangt, so hängt das Erstarken zum Vollrecht immer von einer Bedingung ab. Der Eigentümer kann, um sein Vollrecht möglichst lange zu behalten, plötzlich versuchen, nachträglich die Bedingung zu erweitern und zu erschweren. Es fragt sich allerdings, ob und wie dies möglich ist (vgl. SachenR II, Rn. 168 ff.).

Fall: V verkauft K eine Sache unter Eigentumsvorbehalt. Die Bedingung soll erfüllt sein, wenn der K 1.000 € gezahlt hat. K überträgt inzwischen das AWR auf D. Anschließend einigen sich V und K, dass die Bedingung erst dann eintreten soll, wenn weitere 20.000 € aus anderen Forderungen des V gegen K getilgt sind.

Wann erwirbt D das Volleigentum und wie wirkt es sich aus, wenn V oder K den Kaufvertrag wandeln oder anfechten?

1. Nach **e.A.** in der Literatur **kann eine Erweiterung der Bedingung das AWR verändern, da es immer von der schuldrechtlichen Vereinbarung abhängt** und ihm somit dieses Risiko einer Abänderung des schuldrechtlichen Vertrages immanent ist. Eine völlige Abstraktheit von dem zugrundeliegenden Vertrag sei sowieso nicht vorhanden und auch nicht möglich.

2. Nach **a.A**. soll das **AWR als quasi dingliches Recht von Vereinbarungen der ursprünglichen Parteien des Grundgeschäfts unabhängig sein**. Selbst wenn später etwas Abweichendes vereinbart werde, so ändere dies an dem Bedingungseintritt des AWR nichts. **Das AWR sei der Verfügungsgewalt der alten Parteien entzogen**.

3. Die **h. Lit. und Rspr**. (vgl. SachenR II, Rn. 171) **differenzieren** hingegen:

■ Eine **willkürliche Änderung der Bedingung** für das Erstarken des AWR zum Vollrecht **können die alten Parteien nicht vereinbaren**. Denn diesbezüglich haben sie die Rechtszuständigkeit verloren. Ferner sei dies eine arglistige Vereitelung des Bedingungseintritts, der gem. § 162 keine Wirkung entfalten kann. Danach erlangt der D in dem Fall das Eigentum, wenn der K 1000 € an den V gezahlt hat.

■ **Wird hingegen auf andere Weise auf den zugrundeliegenden Vertrag eingewirkt**, wie **z.B.** durch eine **Anfechtung, Rücktritt wegen Sachmängeln gem. § 437 Nr.2 Alt.1 i.V.m. § 323** oder durch Rücktrittsrechts gem. **§ 449 II i.V.m. § 323**, **so werde nach h.M. hiervon auch das AWR berührt. Denn dieses Risiko sei ihm seiner Natur nach immanent. In diesen Fällen erlischt das AWR automatisch**, da mangels Zahlungsverpflichtung des K die Bedingung (Zahlung des vollständigen Kaufpreises) gar nicht mehr eintreten kann.

hemmer-Methode: Entscheiden Sie sich bei diesem Problem immer mit der h.M. und übersehen Sie in der Klausur nicht, wenn ein AWR auf die vorgenannte Weise erloschen ist. Sonst schreiben sie eine „AWR-Klausur", wo dies nicht gefragt ist!

VIII. Das Anwartschaftsrecht

Schutz gegenüber Dritten

Das AWR kann nicht nur von der anderen Vertragspartei beeinträchtigt oder gefährdet werden, sondern auch von unabhängigen Dritten. Dabei stellt sich die Frage, inwieweit das AWR dem Vollrecht gleichgestellt werden kann und damit denselben Schutz genießt. Der Besitzschutz wirft dabei keine Probleme auf, da es hier nicht auf das AWR als solches, sondern nur auf den Besitz selbst ankommt (vgl. SachenR II, Rn. 172 ff.).

Wie ist dagegen der Schutz nach Deliktsrecht (1.), Bereicherungsrecht (2.), § 985 (3.) und § 1004 (4.) zu beurteilen?

1. Deliktsrechtlicher Schutz des AWR: Nach **allg. Ansicht** ist auch das **AWR ein sonstiges Recht i.S.d. § 823 I** (vgl. SachenR II, Rn. 173 f.). Wenn dies schon beim (rechtmäßigen) Besitz bejaht wird, dann erst recht beim AWR. **Probleme wirft jedoch die Konkurrenz der Ansprüche von Eigentümer und AWR-Inhaber auf**, da mit einer Verletzung des AWR i.d.R. auch das Eigentum verletzt wird. **Dieses Problem wird nach h.M. gem. §§ 432, 1281 analog gelöst, so dass der Schädiger an beide gemeinschaftlich zu leisten hat. Nach a.A. gilt § 428 analog**, so dass der Schädiger nach seiner Wahl den gesamten Betrag an einen von beiden leisten kann.

2. Bereicherungsrechtlicher Schutz des AWR: Das **AWR ist ein Recht mit Zuweisungsgehalt**, so dass diesbezüglich eine **Eingriffskondiktion möglich** ist. Das **Konkurrenzverhältnis** zum Eigentümer wird **wie bei § 823** gelöst. Das **AWR kann** als vermögenswerter Vorteil **auch Gegenstand einer Leistungskondiktion sein**.

3. Herausgabeanspruch gem. § 985:. Die h.M. billigt dem AWR-Inhaber den Anspruch gem. § 985 als eigenen zu, da das AWR als eigentumsähnlich in dieser Hinsicht dem Eigentum gleichzustellen sei. Dies ist auch die notwendige Konsequenz daraus, wenn man das AWR als Recht zum Besitz i.S.d. § 986 anerkennt. Die sich daraus ergebende **Konkurrenz der Herausgabeansprüche** von Eigentümer und AWR-Inhaber **wird über § 986 I S. 2 gelöst**. D.h., der Eigentümer kann nur Herausgabe an den unmittelbaren Besitzer (z.B. Vorbehaltskäufer) verlangen.

Die a.A. vermeidet diese Konkurrenz indem sie verlangt, dass der **Eigentümer** den **AWR-Berechtigten zur Geltendmachung seines Herausgabeanspruchs gem. § 185 ermächtigen muss**. Dazu sei dieser aus dem Kaufvertrag auch verpflichtet. Der AWR-Inhaber sei so hinreichend geschützt.

4. Anspruch gem. **§ 1004**: **Auch diese Vorschrift ist auf den AWR-Inhaber anzuwenden**.

hemmer-Methode: Der Gedanke aus § 986 I S. 2, der auch bei § 869 S. 2 zum Ausdruck kommt, ist ein allgemeiner Rechtsgedanke, der immer wieder zur Lösung derartiger Konkurrenzprobleme herangezogen wird. Stoßen Sie in der Klausur auf ein vergleichbares unbekanntes Problem, so prüfen Sie, ob § 986 I S. 2 analog weiterhilft. Zugunsten des Schuldners, der an den besitzenden AWR-Berechtigten geleistet hat, ist außerdem an die Vorschrift des § 851 zu denken.

VIII. Das Anwartschaftsrecht

Pfandrecht am AWR

Das AWR kann nicht nur sicherungsübereignet, sondern auch verpfändet werden. Fraglich ist allerdings, nach welchen Vorschriften dies erfolgt.

Problematisch ist ferner, inwiefern das AWR auch von einem gesetzlichen Pfandrecht, wie dem Werkunternehmerpfandrecht, erfasst wird: K, der seinen Pkw unter Eigentumsvorbehalt gekauft hat, bringt diesen am 1.5. in die Reparatur zu U. Am 1.6. zahlt K die letzte Kaufpreisrate.

1. **Nach welchen Vorschriften kann ein AWR verpfändet werden?**
2. **Hat der U ein Werkunternehmerpfandrecht erlangt und wann? Nach welchem Zeitpunkt richtet sich der Rang?**

1. Nach ganz h.M. kann auch ein AWR als wesensgleiches minus zum Eigentum **verpfändet werden** (vgl. SachenR II, Rn. 177). Die **h.M.** wendet darauf die **§§ 1204 ff**. an. Eine **andere Ansicht** will hingegen die Vorschriften über die Verpfändung von Rechten, **§§ 1273 ff**., anwenden. Letzteres ist jedoch nicht überzeugend. **Wenn ein AWR gem. § 929 übereignet wird, so muss es auch wie eine Sache nach den §§ 1204 ff. verpfändet werden können.** Im Ergebnis besteht jedoch kein Unterschied, da über § 1274 I S. 2 allemal die §§ 1205, 1206 anwendbar sind, also eine Übergabe erforderlich ist.

2. Ja, der U hat ein Werkunternehmerpfandrecht gem. § 647 erlangt. Dies geschah bereits am 1.5. und erfasste zu diesem Zeitpunkt das AWR. *Zwar spricht § 647 von „Sachen des Bestellers" und meint damit grds. das Eigentum. Allerdings muss das AWR dem Eigentum gleichgestellt werden*. Denn das AWR stellt eine vermögenswerte Position dar, die dem Werkunternehmer zur Verfügung stehen soll. Eine andere Auffassung würde dem Sinn und Zweck der gesetzlichen Pfandrechte widersprechen.

Mit dem Eintritt der Bedingung, also dem **Vollrechtserwerb durch den K**, erstarkt das AWR zum Volleigentum. **An diesem setzt sich das Werkunternehmerpfandrecht unverändert fort. Dies wird mit einer analogen Anwendung des § 1287 S. 1 begründet. Insbesondere wird der Rang des Pfandrechts dadurch gewahrt**. Wäre also zwischen dem 1.5. und dem 1.6. ein anderes Verwertungsrecht an der Sache entstanden, so würde das Verwertungsrecht des U diesem vorgehen, da der Rang sich nach dem Zeitpunkt der Entstehung richtet, vgl. § 1209.

hemmer-Methode: Vergleichbare Probleme ergeben sich auch, wenn das AWR in den Haftungsverband einer Hypothek fällt. Dies ist gem. § 1120 der Fall. Bei Bedingungseintritt setzt sich der Haftungsverband am Volleigentum fort (vgl. SachenR II, Rn. 180).

VIII. Das Anwartschaftsrecht

Das AWR in der Zwangsvollstreckung

Das AWR kann, je nachdem wie viel der AWR-Inhaber bereits auf die zugrundeliegende Forderung gezahlt hat, einen erheblichen wirtschaftlichen Wert darstellen. Auf diesen Wert möchten natürlich auch die Gläubiger in der Zwangsvollstreckung zugreifen können. Wie dieses möglich ist und welche Regeln dabei zu beachten sind, ist Gegenstand eines bekannten Streits.

1. **Erläutern Sie, wie ein AWR in der Zwangsvollstreckung gepfändet werden kann.**
2. **Was ist zu beachten, wenn Gläubiger des Vorbehaltsverkäufers oder der Vorbehaltsverkäufer selbst in die Sache vollstrecken?**

1. Die Probleme der Pfändung eines AWR resultieren daraus, dass das AWR in gewissem Sinne eine Zwitterstellung zwischen dem Eigentum an der Sache und einem sonstigen Recht an der Sache einnimmt (vgl. SachenR II, Rn. 189 ff.):

■ **Theorie der Rechtspfändung:** Die Pfändung erfolgt **nur gem. § 857 I ZPO**, also wie bei einem Recht **durch Pfändungsbeschluss**. Gegen diese Auffassung spricht jedoch, dass mangels Pfändung der Sache *kein Publizitätsakt* besteht, *so dass sich das Pfändungspfandrecht bei Bedingungseintritt*, entgegen der von dieser Theorie vertretenen Auffassung, *nicht an der Sache fortsetzen kann*.

■ **Theorie der Sachpfändung:** Es soll **nur nach § 808 ZPO** die Sache gepfändet werden. Gegen diese Theorie spricht, dass der Eigentümer gem. § 771 ZPO gegen die Pfändung vorgehen kann und ferner *ein Verstoß gegen das Publizitätserfordernis vorliegt, da nicht ersichtlich ist, ob die Sache oder das AWR gepfändet wurde*.

■ **Theorie der Doppelpfändung (h.M.):** Hiernach soll **nach beiden Vorschriften gepfändet** werden. **Durch** die **Rechtspfändung entsteht** dann das **Pfändungspfandrecht an dem AWR** und **durch die Sachpfändung wird die erforderliche Publizität bewirkt**, so dass sich mit Bedingungseintritt das Pfändungspfandrecht am Eigentum fortsetzen kann. Die Bedingung kann der Vollstreckungsgläubiger gem. § 267 herbeiführen, wobei aufgrund §§ 857 ZPO, 162 BGB ein Widerspruch ausgeschlossen ist.

2. Vollstrecken **Gläubiger des Vorbehaltsverkäufers** in die Sache, so steht dem **AWR-Inhaber wegen § 809 ZPO** sowohl die **Erinnerung gem. § 766 ZPO** als auch die **Drittwiderspruchsklage gem. § 771 ZPO** zur Verfügung, da das AWR ein „die Veräußerung hinderndes Recht“ ist (vgl. Sachen R II, Rn. 183).

Vollstreckt der **Vorbehaltsverkäufer** in seine eigene, mit dem AWR belastete Sache**, so ist dies nach h.M. möglich**; **es entsteht** mangels Eigentums des Schuldners (= AWR-Inhabers) nach h.M. **zwar kein Pfändungspfandrecht**, **aber** die **Verstrickung**, die zur Verwertung ausreichend ist.

hemmer-Methode: Beachten Sie bei der Zwangsvollstreckung des Vorbehaltsverkäufers in die Sache beim Vorbehaltskäufer die Rücktrittsfiktion des § 508 II 5 BGB (vgl. SachenR II, Rn. 185).

VIII. Das Anwartschaftsrecht

BGH NJW 1978,417

Als weitere Vertiefung folgender klassische Fall nach BGH NJW 1978, 417, der zwar weniger für das Anwartschaftsrecht, wohl aber für die Veräußerung unter Eigentumsvorbehalt von Bedeutung ist:

V verkauft K einen Teppich unter Eigentumsvorbehalt. K zahlt nur einen Bruchteil des Kaufpreises an. Erst einige Jahre später erinnert sich V an die ausstehende Forderung und mahnt den K. Zu diesem Zeitpunkt war Verjährung des Kaufpreiszahlungsanspruchs bereits eingetreten. Als V dies bemerkt, verlangt er von K Herausgabe des Teppichs.

Mit Recht?

Ein **Anspruch auf Herausgabe** des Teppichs könnte sich **aus § 985** ergeben. Dies setzt Eigentum des V, Besitz des K und ein fehlendes Recht zum Besitz des K i.S.d. § 986 voraus.

V **war ursprünglich Eigentümer und hat es auch nicht verloren**, da die Bedingung der vollständigen Kaufpreiszahlung noch nicht eingetreten ist. Dass K wegen der Verjährung nicht mehr zahlen muss, führt nicht automatisch den Bedingungseintritt herbei. **K ist** auch unmittelbarer **Besitzer** des Teppichs.

Fraglich ist jedoch, ob er noch ein Recht zum Besitz hat. Grds. gewährt der **Vorbehaltskaufvertrag** dem Käufer ein **Recht zum Besitz** gegenüber dem Verkäufer. **Dieses entfällt nur dann, wenn der Verkäufer** gem. § 449 II i.V.m. § 323 **vom Vertrag zurücktritt**. **Diese Möglichkeit fehlt dem V jedoch**. Denn aufgrund der Verjährung ist die Kaufpreisforderung einredebehaftet gewesen, **§ 214 I,** so dass **mangels Fälligkeit kein Rücktritt nach § 323 erfolgen kann**. Mithin würde selbst eine Auslegung des Verhaltens des V als Rücktritt mangels Rücktrittsgrund ins Leere gehen (weshalb auch ein - in der Klausur evtl. vorrangig zu prüfender - Anspruch aus § 346 f. entfiele).

Gem. § 216 II S. 2 BGB bleibt jedoch die Möglichkeit des Rücktritts bei durch Eigentumsvorbehalt gesicherter Forderung auch dann erhalten, wenn die Kaufpreisforderung selbst verjährt ist.

Im Ergebnis besteht somit ein **Herausgabeanspruch**, da § 216 II S. 2 das Recht zum Besitz aus dem Kaufvertrag überwindet.

hemmer-Methode: Anders hingegen wird der Fall gelöst, wenn der Vorbehaltskäufer in Verzug ist und der Verkäufer mangels Verjährungseintritts noch nach § 449 II i.V.m. § 323 zurücktreten kann. In diesem Fall kann er die Sache nicht von dem Käufer vorläufig herausverlangen. Er kann nur entweder zurücktreten und herausverlangen oder aber auf Erfüllung klagen. Das Recht zum Besitz bleibt jedoch bestehen.

IX. Besonderheiten der Sicherungsübereignung

Wesen und Entstehung des SiEigentum

Die Sicherungsübereignung nimmt eine dominierende Stellung in der Praxis der Kreditsicherung ein. Während der Gesetzgeber für derartige Fälle von Realsicherheiten eigentlich das Pfandrecht gem. §§ 1204 ff. vorgesehen hatte, hat die Sicherungsübereignung das Pfandrecht inzwischen weitestgehend verdrängt. Im Regelfall übereignet ein SG (Eigentümer), der gegenüber dem SN (Gläubiger) eine Verbindlichkeit hat, diesem eine Sache zur Sicherheit.

1. **Nennen Sie Entstehungsvoraussetzungen und Vorteile der SiÜ!**
2. **Welche drei Rechtsverhältnisse gilt es bei der SiÜ immer auseinander zu halten?**
3. **Wie ist die Rechtslage, wenn der SG gar nicht Eigentümer war?**

1. Entstehungsvoraussetzungen:

Die **einzige (!) Entstehungsvoraussetzung** ist bei der SiÜ die **wirksame Übereignung**, die sich nach den allg. Regeln vollzieht (vgl. SachenR II, Rn. 41 ff.)! Dabei handelt es sich **in aller Regel** um eine Übereignung **gem. §§ 929, 930,** da der SG den Besitz behalten will und soll.

Weitere Anforderungen können nicht gestellt werden. Insbesondere ist es nicht erforderlich, dass die zu sichernde Forderung wirksam entstanden ist. *Denn **die SiÜ ist nicht akzessorisch**. Ferner ist auch die Wirksamkeit des Sicherungsvertrages nicht erforderlich, da diese lediglich die causa der Übereignung darstellt* (vgl. SachenR II, Rn. 240)

Vorteile:
Die wesentlichen Vorteile dieses Sicherungsmittels liegen darin, dass einerseits **der SG den Besitz an dem Sicherungsgut behält**, so dass er mit diesem das Geld verdienen kann, um die Forderung zu begleichen, und andererseits, dass dieses **Sicherungsmittel nicht akzessorisch** ist.

2. Die drei zu unterscheidenden Rechtsverhältnisse sind einerseits **die zu sichernde Forderung**, die z.B. aus einem Darlehensvertrag resultiert. Daneben existiert aber immer noch ein **Sicherungsvertrag (-abrede),** in dem bspw. geregelt ist, wann und wie das Sicherungseigentum verwertet werden darf, welche Forderung gesichert wird etc. Als drittes Rechtsgeschäft ist schließlich noch die **dingliche Einigung zur Übereignung** erforderlich.

3. War der SG nicht Eigentümer der Sache, so kommt es entscheidend darauf an, ob der **SN gutgläubig Eigentum an dem Sicherungsgut erworben** hat. Dieses richtet sich **nach den allg. Vorschriften**. Dabei ist allerdings regelmäßig zu beachten, dass ein Fall der **§§ 929, 930, 933** vorliegt, so dass der *gutgläubige Erwerb erst vollendet ist, wenn dem SN die Sache übergeben wird* (vgl. dazu bereits KK 30 ff., 37; SachenR II, Rn. 97 ff.).

hemmer-Methode: Unterscheiden Sie immer genau zwischen zu sichernder Forderung, Sicherungsvertrag und dinglicher Einigung, ansonsten geraten Sie leicht in die Gefahr, gegen das Abstraktionsprinzip zu verstoßen!

IX. Besonderheiten der Sicherungsübereignung

Fall zur Entstehung des SiEigentum

Der SG, ein Computerhändler, schuldet dem SN aus einem Darlehensvertrag 1 Mio. €. Da der SN eine Sicherheit verlangt, vereinbaren beide, dass der SG dem SN den gesamten Inhalt seiner Lagerhalle mit neuen Computern in seinem wechselnden Bestand zur Sicherheit übereignet. Der reguläre Wert dieser Computer beträgt rund 1 Mio. €.

1. **Hat der SN Sicherungseigentum an den Computern erlangt?**
2. **Wie wäre es, wenn nur „die Hälfte der Computer" vereinbart gewesen wäre?**

1. Der SN hätte wirksames SiEigentum erlangt, wenn die Voraussetzungen der §§ 929, 930 erfüllt wären. Eine **dingliche Einigung** über den Übergang des Eigentums von SG auf den SN **liegt** nach dem Sachverhalt **vor**. Diese **Einigung müsste aber bestimmt genug sein**, denn nach dem **sachenrechtlichen Bestimmtheitsgrundsatz** ist eine dingliche Einigung nur dann wirksam, wenn die Sachen, die von der Verfügung erfasst sein sollen, hinreichend bestimmt sind. **Das ist dann der Fall, wenn ohne Zuhilfenahme weiterer Unterlagen außer dem Sicherungsvertrag feststellbar ist, ob eine bestimmte Sache davon erfasst sein soll oder nicht** (vgl. KreditsicherungsR, Rn. 76). **Hier** handelt es sich um einen **Raumsicherungsvertrag**, **der diesem Grundsatz Genüge tut**, da jeder (!) Computer erfasst sein soll. Bzgl. der Bestimmtheit kommt es nur auf den Moment der Übereignung an.

Auch die Übereignung der zukünftigen Zugänge wird in dem Moment, in dem diese in das Lager verbracht werden, wirksam, da auch eine antizipierte Einigung möglich ist. Sie ist allerdings widerruflich.

Ferner müsste ein **Übergabesurrogat i.S.d. § 930** vorgelegen haben, da die Sachen im Besitz des SG verbleiben und mithin eine Übereignung nach § 929 S. 1 ausscheidet. Dafür müsste ein **ausreichend konkretes Besitzmittlungskonstitut i.S.d. §§ 930, 868** vorgelegen haben. *Dazu müssen sich die Rechte und Pflichten beider Parteien hinreichend genau aus der Vereinbarung ergeben*. **Dies ist nach allg. Ansicht bei der Sicherungsabrede der Fall.**

Da der **SG auch Berechtigter** war, hat der SN wirksam das SiEigentum erworben. *Wäre der SG hingegen nicht Eigentümer gewesen, sondern nur Anwartschaftsberechtigter, so hätte der SN zwar das AWR erworben. Ein gutgläubiger Eigentumserwerb wäre hingegen an § 933 gescheitert* (vgl. dazu SachenR II, Rn. 107).

2. Die Vereinbarung, dass die Hälfte der Computer übereignet werden solle**, ist unwirksam, da sie zu unbestimmt ist**. Ob der einzelne Computer zu der einen oder anderen Hälfte gehört ist dadurch nämlich nicht erkennbar. Die SiÜ ist mithin fehlgeschlagen. *Anders wäre es hingegen, wenn jeder zweite Computer markiert und damit nach außen als Sicherungsmittel erkennbar wäre.*

hemmer-Methode: Gerade bei der Sicherungsübereignung müssen Sie immer genau auf die Bestimmtheit der dinglichen Einigung achten, denn häufig liegen hier wesentliche Probleme des Falles verborgen.

IX. Besonderheiten der Sicherungsübereignung

Unwirksamkeitsgründe der SiÜ

Fall 1:

Der SG übereignet dem SN ein Warenlager mit wechselndem Bestand zur Sicherheit für eine Forderung. Da der Bestand und Wert des Warenlagers erheblich schwanken und zeitweise auch deutlich über dem Wert der Forderung liegen, wurde eine Freigabeklausel vereinbart, nach der der SN nach seinem Ermessen dem SG Sicherungsgut freigeben könne.

Fall 2:

Der SG übereignet dem SN so viele Sachen zur Sicherheit, dass ihm praktisch kein nennenswertes Vermögen mehr verbleibt.

Ist in beiden Fällen die Sicherungsübereignung wirksam?

Fall 1:

Lange war es st. Rspr., dass eine SiÜ von Warenlagern mit wechselndem Bestand gegen § 307 I, II BGB (denn es handelt sich regelmäßig um AGB-Vereinbarungen) **bzw. § 138 verstoße, wenn sie keine bestimmte und ermessensunabhängige Freigabeklausel zugunsten des SG enthielt. Grundsätzlich erfasst diese Unwirksamkeit nur die Sicherungsabrede und nicht die Übereignung selbst**, so dass diese normalerweise wirksam bleiben müsste **(Abstraktionsprinzip).** Allerdings war die **Rspr. lange Zeit** davon ausgegangen, dass hier die **Übereignung** selbst auch **von dieser Unwirksamkeit erfasst** sein sollte, da gerade die Übereignung den Verstoß darstelle (vgl. zu dem gesamten Problem KreditsicherungsR, Rn. 81a; SachenR II, Rn. 241 ff.). Seit 1994 ist diese Frage dann aber - auch innerhalb des BGH - streitig geworden.

Einen vorläufigen Schlusspunkt hat diese Debatte schließlich mit einem **Urteil des BGH von 1996** (zu dem vergleichbaren Problem bei der Globalzession) genommen. Darin hat der BGH entschieden, dass **sogar ein Vertrag ohne Freigabeklausel bzw. mit einer ermessensabhängigen Klausel wirksam** sei. **Grund: Aus dem fiduziarischen Charakter der SiÜ** (= treuhänderische Bindung des SN bzgl. des SiEigentums) **ergebe sich bereits nach § 242 eine Freigabepflicht, so dass das Fehlen oder eine unangemessene Klausel unschädlich sei**. Ob dies das letzte Wort ist, bleibt jedoch abzuwarten.

Diese neue Rspr. wurde von der Literatur teilweise **kritisiert, da** diese Auslegung auf eine **unzulässige geltungserhaltende Reduktion** hinauslaufe.

Fall 2:

Bei einem Knebelungsvertrag, wie dem hier vorliegenden, bei dem die wirtschaftliche Bewegungsfreiheit des SG übermäßig eingeschränkt wird, **ist sowohl der Sicherungsvertrag als auch nach h.M. die Übereignung selbst nichtig, § 138 I**. Daran ändert auch die oben zitierte Rspr. nichts.

IX. Besonderheiten der Sicherungsübereignung

Unwirksamkeit der SiAbrede/Nichtvalutierung

Fall 1:

SG schließt mit SN einen Darlehensvertrag, in dem er sich gleichzeitig zu einer näher umschriebenen Sicherungsübereignung verpflichtet. Bei dem Abschluss des Sicherungsvertrages irrte der SG sich jedoch i.S.d. § 119 I. Eine Woche später übereignet er die bestimmten Sachen zur Sicherheit an den SN. Als er kurze Zeit später seinen Irrtum bemerkt, ficht er unverzüglich die Sicherungsabrede an.

Fall 2:

SG übereignet einige Sachen zur Sicherheit für eine Forderung, die in Wirklichkeit jedoch gar nicht zur Entstehung gelangt war.

Welche Rechte stehen dem SG in beiden Fällen zu?

Fall 1:

Fraglich ist vor allem, ob der SG einen **Anspruch auf Rückübereignung** des Sicherungsgutes hat. Dies wäre allerdings **überflüssig, wenn das Eigentum bereits automatisch an ihn zurückgefallen wäre**. Das ist jedoch **nicht der Fall, da er lediglich die Sicherungsabrede angefochten hat und** nur diese anfechten konnte, da ein **Fall der Fehleridentität nicht vorlag**. **Ebenso wenig** sind besondere Anhaltspunkte dafür ersichtlich, dass man Sicherungsvertrag und Übereignung als Einheit i.S.d. **§ 139** ansehen könnte (KreditsicherungsR, Rn. 116). Denn dies kann nur in Ausnahmefällen bejaht werden, um das Abstraktionsprinzip nicht zu umgehen. Folglich ist der SN Eigentümer geblieben.

Der SG kann das **Eigentum** jedoch **gem. § 812 I S. 2 Alt. 1** wieder **herausverlangen. Denn der Rechtsgrund für das Behaltendürfen des Eigentums ist mit der Anfechtung der Sicherungsabrede nachträglich weggefallen**. Die **Sicherungsabrede** stellt nämlich die **causa der Übereignung** dar - nicht dagegen der Darlehensvertrag! (vgl. dazu KreditsicherungsR, Rn. 18).

Fall 2:

In diesem Fall ist die Sicherungsabrede zwar wirksam geschlossen worden, **es fehlt jedoch die zu sichernde Forderung**. Während dies bei akzessorischen Rechten bereits die Entstehung des Rechts hindert, **ist die SiÜ grds. davon unabhängig wirksam**.

Allerdings ist der SG auch in diesem Fall nicht rechtlos. Denn **entweder die Sicherungsabrede enthält eine ausdrückliche Regelung, dass das Sicherungsgut bei Nichtentstehung der Forderung zurück zu übereignen ist**. Ist dies nicht ausdrücklich der Fall, so ergibt **zumindest eine ergänzende Vertragsauslegung** einen solchen **vertraglichen Rückübertragungsanspruch** (vgl. dazu KreditsicherungsR, Rn. 135 ff.).

hemmer-Methode: Unterscheiden Sie immer genau, ob die Sicherungsabrede oder die zu sichernde Forderung unwirksam ist. Denn danach unterscheidet sich die Art des Anspruchs. Im Ergebnis können Sie sich dann häufig daran orientieren, dass ein zumindest ähnliches Ergebnis wie bei den akzessorischen Rechten herauskommen muss.

IX. Besonderheiten der Sicherungsübereignung

Übertragung des SiEigentums

Der SG übereignet seine goldene Armbanduhr dem SN zur Sicherheit für eine Darlehensforderung. Da es dem SN jedoch zu unsicher ist, die Uhr beim SG zu belassen, besteht er darauf, dass die Übereignung sich nicht nach §§ 929, 930, sondern nach § 929 S. 1 vollzieht. Er nimmt die Uhr daher mit. Entgegen der Vereinbarung mit dem SG veräußert und übereignet der SN die Uhr wenig später an den Dritten D.

Kurz darauf zahlt der SG das Darlehen vollständig zurück.

Als der SG feststellt, dass der SN die Uhr gar nicht mehr hat, will er wissen, ob er Herausgabe von D verlangen kann?

Der SG könnte einen **Herausgabeanspruch gem. § 985** haben.

Das setzt voraus, dass der SG noch Eigentümer der Uhr ist. **Ursprünglicher Eigentümer war der SG**. Allerdings hat er das **Eigentum wirksam gem. § 929 S. 1 auf den SN übertragen**. **Dadurch wurde dieser dinglich uneingeschränkter Volleigentümer, so dass er auch wirksam das Eigentum gem. § 929 S. 1 auf den D übertragen konnte**. Insbesondere steht dieser Übereignung nicht die entgegenstehende Vereinbarung aus der Sicherungsabrede entgegen. Denn diese entfaltet gem. § 137 keine dingliche Wirkung, hindert also nicht die Wirksamkeit der abredewidrigen Verfügung. Mithin hatte der D Eigentum erworben. **Dieses Eigentum könnte der D aber mit der vollständigen Rückzahlung des Darlehens von SG an SN wieder verloren haben**. Das wäre dann der Fall**, wenn der D das Eigentum nur belastet mit dem Anwartschaftsrecht (AWR) des SG erworben hätte. Denn dann wäre das AWR mit Bedingungseintritt gem. § 161 I S. 1 zum Vollrecht erstarkt, so dass das Eigentum automatisch an den SG zurückgefallen wäre** (*es sei denn, D hätte das AWR gutgläubig „wegerworben", §§ 161 III, 936*; vgl. dazu KreditsicherungsR Rn. 236-240).

Allerdings ist **fraglich, ob der SG ein AWR hatte**. Dies wäre **nur dann** der Fall**, wenn die SiÜ an den SN durch die vollständige Tilgung des Anspruchs auflösend bedingt gewesen wäre**. Ob dies der Fall ist, wenn keine besondere Vereinbarung getroffen wurde, ist **umstritten.** Teilweise wurde eine auflösende Bedingung unter Hinweis auf § 449 I bejaht (vgl. ausführl. KreditsicherungsR, Rn. 178**). Die neuere Rspr und wohl h.M. lehnt dies dagegen ab** und gewährt dem SG **lediglich** einen aus dem Sicherungsvertrag resultierenden, **schuldrechtlichen Rückübertragungsanspruch**. Begründet wird dies vor allem mit der größeren Rechtssicherheit dieser Konstruktion (vgl. KreditsicherungsR, Rn. 180). Folgt man der **h.M.**, hat der SG **keinen Anspruch aus § 985**.

Einen **vertraglichen Herausgabeanspruch** aus der Sicherungsabrede hat der **SG nur gegen SN**, nicht gegen den D, da dieser nicht Vertragspartner der Sicherungsabrede war. Er kann mithin keine Herausgabe verlangen.

hemmer-Methode: Beachten Sie aber, dass der SG auch bei Verneinung einer auflösenden Bedingung nicht rechtlos gestellt ist. Immerhin kann er Schadensersatz vom SN gem. §§ 280 I, III, 283 verlangen.

IX. Besonderheiten der Sicherungsübereignung

Recht zum Besitz bei Weiterübereignung

Der SG übereignet gem. §§ 929, 930 seine goldene Armbanduhr dem SN zur Sicherheit für eine Darlehensforderung. Der unmittelbare Besitz bleibt also bei dem SG. Entgegen der Vereinbarung mit dem SG, veräußert und übereignet der SN die Uhr wenig später an den Dritten D. Kurz darauf zahlt SG das Darlehen zurück.

Als der D die Uhr von dem SG herausverlangt, will SG wissen, ob er dazu verpflichtet ist.

Der D könnte gegen SG einen **Anspruch gem. § 985** haben.

Dann müsste D Eigentümer sein. **Ursprünglicher Eigentümer war der SG**, der das Eigentum jedoch **wirksam gem. §§ 929, 930 auf den SN übertragen** hat.

SG hat anschließend **als Berechtigter** gem. §§ 929, 931, 870 oder gem. §§ 929, 930, 871 (vgl. zu den einzelnen Übereignungsmöglichkeiten bereits KK 19 ff.; SachenR II, Rn. 41 ff., 51 ff.) **dem D das Eigentum verschafft**. Das Veräußerungsverbot ändert daran gem. § 137 nichts. Mithin ist der D Eigentümer geworden.

Dieses Eigentum hat er auch nicht mit der vollständigen Rückzahlung des Darlehens wieder verloren, da im Zweifel nicht von einer auflösenden Bedingung auszugehen ist (vgl. vorige KK) und mithin **kein AWR** bestand.

SG ist auch unmittelbarer **Besitzer**.

SG könnte allerdings ein **Recht zum Besitz i.S.d. § 986 II** haben, das er dem D entgegenhalten könnte. **Denn im Verhältnis zu dem SN ist SG solange zum Besitz berechtigt, bis Verwertungsreife eingetreten ist**. Das war hier aber nicht der Fall und kann gar nicht mehr eintreten, da die Forderung bereits endgültig beglichen ist (vgl. KreditsicherungsR, Rn. 264). **Allerdings spricht § 986 II nur von einer Übereignung gem. § 931**. Ob hier die Übereignung gem. § 930 oder § 931 stattgefunden hat, kann jedoch offen bleiben. Denn es ist **allgemein anerkannt, dass § 986 II wegen der vergleichbaren Interessenlage entsprechend auf eine Übereignung gem. § 930 anzuwenden ist.**

Somit kann **SG** sich auch **gegenüber dem D** auf das **Recht zum Besitz** berufen, so dass er die Uhr nicht herauszugeben braucht.

hemmer-Methode: Schreiben Sie mit „leichter Hand". Problematische Fälle, die nicht zwingend entschieden werden müssen, können Sie einfach problematisieren und dann unentschieden lassen, wenn es im Ergebnis sowieso nicht darauf ankommt.

IX. Besonderheiten der Sicherungsübereignung

SiÜ versus VermieterpfandR

Fall nach BGHZ 117, 200:

Der Mieter M (= SG) nimmt ein Darlehen auf. Zu dessen Sicherung übereignet er alle in einem bestimmten Raum befindlichen Sachen in ihrem wechselnden Bestand an den SN.

Als M zahlungsunfähig wird, streitet sich der Vermieter V, der sich auf sein Vermieterpfandrecht gem. § 562 beruft, mit dem SN über die Verwertungsberechtigung. SN meint, dass ein Vermieterpfandrecht gar nicht entstehen konnte, da die Sachen ja an ihn übereignet wurden.

1. **Wer hat Recht, wenn die streitigen Sachen sich bereits im Zeitpunkt der SiÜ im Raum befanden?**
2. **Wer hat Recht, wenn die streitigen Sachen erst später in den Raum verbracht wurden?**

1. Frage:

In dieser Variante stellen sich **keine großen Probleme**. Denn der **V hatte bereits aufgrund des Mietvertrages ein Vermieterpfandrecht** an den Sachen des M erlangt, **als der M diese Sachen an den SN zur Sicherheit übereignete**. Da die SiÜ sich nach § 930 vollzog, kommt auch **kein gutgläubig lastenfreier Erwerb** des Eigentums in Betracht, § 936, da der SN nie den unmittelbaren Besitz an den Sachen erhielt, § 936 I S. 3. Der SN konnte also nur mit dem Vermieterpfandrecht belastetes Eigentum erwerben, so dass V Recht hat. In dieser Variante kommt also das **Prioritätsprinzip** voll zum Tragen.

2. Frage:

Problematisch ist die Entscheidung hingegen in dieser Abwandlung. Denn die neu eingebrachten Sachen gehören zunächst dem M (= SG). Dann trägt er sie in den zur Sicherungsübereignung gedachten Raum und bringt sie damit zugleich in die Mieträume ein. **In diesem Moment greift sowohl das Vermieterpfandrecht auf die Sache zu als auch die antizipierte Sicherungsübereignung**. Dem Vermieterpfandrecht kann nicht entgegengehalten werden, dass die Sache ja bereits sicherungsübereignet gewesen wäre, noch kann der Sicherungsübereignung entgegengehalten werden, dass die Sache ja bereits von dem Vermieterpfandrecht erfasst gewesen wäre. Denn **beides** geschah **zeitgleich**. Aus diesem Grund wird in der **Literatur teilweise** eine **analoge Anwendung der §§ 879 I S. 2 HS 2; 10 I ZVG** vorgeschlagen, nach denen **bei Zeitgleichheit auch Ranggleichheit** entstehe und dieses zu einer **verhältnismäßigen Teilung des Erlöses** führe. Der **BGH** hingegen ist auch in diesem Fall von einem **Vorrang des Vermieterpfandrechts** ausgegangen. Der BGH **begründet dies** damit, dass er die **Sachen in dem Raum als Sachgesamtheit** betrachtet, **an denen ein vorrangiges Vermieterpfandrecht bestanden habe, das auch durch späteren Austausch von Sachen nicht beseitigt werden könne**. Die dem BGH zustimmende Lit. argumentiert ferner so, dass der **Schutzzweck des § 562** einen Vorrang des Vermieterpfandrechts gebiete.

hemmer-Methode: Arbeiten Sie in der Klausur sorgsam und differenzieren Sie genau nach den relevanten Zeitpunkten! Denn sonst schreiben Sie am Problem vorbei. Wie Sie sich entscheiden, ist dabei egal, da die Punkte vor allem für die Qualität der Argumentation vergeben werden.

IX. Besonderheiten der Sicherungsübereignung

SiEigentum in EinzelZV und Insolvenz

Grundsätzlich ist das vom SN erlangte Eigentum Volleigentum, das lediglich unter bestimmten Umständen wieder zurückübereignet werden muss bzw. auflösend bedingt ist. Dem SG stehen insofern grds. die vollen Rechte des § 903 zu. Im Gegensatz dazu wird teilweise die Auffassung vertreten, dass das Sicherungseigentum doch nicht wie Volleigentum zu behandeln sei. Argumentiert wird insbesondere damit, dass die SiÜ lediglich ein Pfandrechtsersatz sei. Problemschwerpunkte liegen dabei im Insolvenz- und Zwangsvollstreckungsrecht.

1. **Wie wird das Sicherungseigentum bei Insolvenz des SG behandelt?**
2. **Wie kann der Sicherungseigentümer sich wehren, wenn ein Gläubiger des SG in die an ihn sicherungsübereignete Sache gem. §§ 803 ff. ZPO vollstreckt?**

Frage 1:

Normalerweise hat ein Eigentümer, dessen Sache sich bei den Sachen eines Gemeinschuldners befindet, **ein Aussonderungsrecht gem. § 47 InsO**; d.h., er kann schlicht Herausgabe verlangen, § 985. **Anders** sieht **die ganz h.M.** dies jedoch **im Fall des Sicherungseigentums**. Hier soll der SN **lediglich ein Absonderungsrecht gem. § 50 InsO analog** haben, so dass die Sache in der Insolvenzmasse verbleibt, ggf. mitversteigert wird und der SN lediglich vorrangig für seine gesicherte Forderung befriedigt wird. **Hier wird das Sicherungseigentum also wie ein Pfandrecht behandelt** (vgl. SachenR II, Rn. 249). Dies kann damit begründet werden, dass der SN die Sache ja nicht endgültig behalten, sondern sich nur für seine Forderung befriedigen will.

Frage 2:

Anders liegt es **nach h.M.** hingegen in der Einzelzwangsvollstreckung gem. §§ 803 ff. ZPO (vgl. dazu ZPO II, Rn. 266). Hier stehe dem Sicherungseigentümer **nicht nur** - wie beim Pfandrecht - die **Klage auf vorzugsweise Befriedigung gem. § 805 ZPO** zu, **sondern** er könne über eine **Drittwiderspruchsklage gem. § 771 ZPO** die Zwangsvollstreckung ganz verhindern. Eine Gleichstellung mit dem Pfandrecht sei hier nicht geboten. **Dies wird damit begründet, dass durch die Zwangsvollstreckung des Dritten unberechtigt in das Rechtsverhältnis zwischen SG und SN eingegriffen werde**. Denn der SG könne nicht verpflichtet werden, das Sicherungsgut bereits vor Fälligkeit der gesicherten Schuld verwerten zu lassen, weil er dann nicht mehr mit dem Sicherungsgut (Waren, Maschinen) wirtschaften kann, um die Verbindlichkeiten bei dem SN zu begleichen. Ferner sei es dem SN auch nicht zumutbar, dass die Sachen nun unter den Beschränkungen der Zwangsvollstreckung verwertet werden, während der SN nach der Sicherungsabrede regelmäßig zum freihändigen Verkauf berechtigt ist.

IX. Besonderheiten der Sicherungsübereignung

Einreden bei der SiÜ

Im Regelfall übereignet derjenige als SG eine Sache zur Sicherheit an den SN, der selbst Schuldner der zu sichernden Forderung ist. Das muss jedoch nicht immer so sein:

Der Schuldner S will bei SN ein Darlehen aufnehmen. Eine Sicherheit, die der SN verlangt, kann er jedoch nicht bieten. Daher bittet er den SG, dem SN drei Fräsmaschinen zur Sicherheit zu übereignen. SG kommt dem nach. Als der SN die Herausgabe der Fräsmaschinen zur Verwertung verlangt, fragt sich der SG, ob er sich auf eine Einrede berufen kann, die dem S zusteht.

Hat er diese Möglichkeit?

Die Beantwortung dieser Frage hängt davon ab, ob der SG sich auch auf Einreden berufen kann, die nicht aus seinem Rechtsverhältnis mit dem SN beruhen, sondern auf dem Rechtsverhältnis des S mit dem SN (vgl. KreditsicherungsR, Rn. 206).

Da die Sicherungsübereignung im Gesetz als solche nicht geregelt ist, findet sich verständlicherweise keine Antwort hierzu im Gesetz. Die Sicherungsübereignung ist jedoch ein dem Pfandrecht zumindest ähnliches Sicherungsmittel, so dass sich die **Frage** aufdrängt, **ob § 1211 analog anwendbar** ist. Eine Analogie setzt **eine planwidrige Regelungslücke** und eine **vergleichbare Interessenlage** voraus. Die planwidrige **Regelungslücke ist gewiss gegeben**, da der Gesetzgeber bei Erlass des BGB noch gar nicht an die Sicherungsübereignung denken konnte.

Fraglich bleibt die vergleichbare Interessenlage: **§ 1211 bestimmt, dass der vom Schuldner verschiedene Sicherungsgeber sich auch auf die dem Schuldner zustehenden Einreden berufen kann**. Sinn dieser Vorschrift ist, dass der SN nicht besser stehen soll, als wenn der persönliche Schuldner selbst die Sicherheit gegeben hätte. Ferner hat der SN in diesen Fällen in der Regel gar kein schutzwürdiges Sicherungsinteresse mehr**. Diese Interessenlage besteht bei der SiÜ ebenso**. **Denn wenn der Schuldner den SN gar nicht mehr befriedigen müsste oder selbst der Verwertung seiner eigenen Sicherheit widersprechen könnte, wäre es nicht angemessen, den SN dadurch zu bevorzugen, dass ein Dritter die Sicherung gewährt hat**. Eine analoge Anwendung des § 1211 ist mithin zu bejahen, so dass der SG auch hier die schuldnerbezogenen Einreden erheben kann.

Dieses **Ergebnis** lässt sich **ebenso durch eine ergänzende Auslegung des Sicherungsvertrages** gewinnen. **Denn die Auslegung desselben wird in der Regel ergeben, dass der SN gegen den SG nicht mehr Rechte haben soll, als gegenüber dem persönlichen Schuldner**. Für die Fälligkeit ist dies in der Regel auch ausdrücklich geregelt: Stundet der SN dem Schuldner die Forderung, so tritt keine Fälligkeit und damit keine Verwertungsreife ein. Damit wird dem SG die dem Schuldner zustehende Einrede der Stundung ausdrücklich eingeräumt. Dies muss auch für andere schuldnerbezogene Einreden gelten.

hemmer-Methode: Übertragen Sie nicht blind die Regelungen des Pfandrechts auf die Sicherungsübereignung! Dort wo es z.B. um die Akzessorietät geht, wäre dies ein grober Fehler. Prüfen Sie daher genau im Einzelfall, ob eine vergleichbare Interessenlage besteht (vgl. KreditsicherungsR, Rn. 309).

IX. Besonderheiten der Sicherungsübereignung

Befriedigung durch Dritt-SG

Wiederum hat der Schuldner S bei dem SN ein Darlehen aufgenommen, für das der vom Schuldner verschiedene SG eine Sache zur Sicherheit übereignet hat. Zusätzlich hat der Dritte D dem SN eine andere Sache zur Sicherheit verpfändet. Als Verwertungsreife eintritt, verlangt der SN die Sache von dem SG heraus. Da dieser jedoch so sehr an seiner Sache hängt, will er die Verwertung abwenden, indem er die Darlehensschuld des S begleicht.

Welche Rückgriffsmöglichkeiten hat der SG gegen S?

Die Frage der Rückgriffsmöglichkeiten hängt davon ab, wie eine Zahlung des SG rechtlich einzuordnen ist.

Einerseits hätte der SG die **Möglichkeit, gem. § 267 I unmittelbar auf die Darlehensforderung zu zahlen**. Da bei einer Darlehensschuld grds. nicht davon auszugehen ist, dass der S persönlich zu leisten hat, stünde dem nichts im Wege. *Der S könnte einer solchen Drittleistung auch nicht gem. § 267 II widersprechen, da sich in der Regel aus dem Innenverhältnis zwischen dem S und dem SG ein Drittbefriedigungsrecht ergeben wird.*

Als Folge einer solchen Zahlung würde jedoch die Darlehensforderung gem. § 362 I erlöschen und damit gem. § 1252 auch das Pfandrecht des D. Der SG hätte dann für einen Rückgriff nur seinen ungesicherten Anspruch aus dem Innenverhältnis zu S. § 268 greift dagegen nicht ein, da dieser nur in der Zwangsvollstreckung anwendbar ist (KreditsicherungsR, Rn. 306).

Die Ablösung der Darlehensverbindlichkeit ist daher **für den SG wesentlich günstiger, wenn er** nicht einfach auf die Forderung zahlt, sondern **im Wege des Forderungskaufs dem SN die Darlehenssumme zahlt und sich dafür die Darlehensforderung gegen den S nach § 398 abtreten lässt** (vgl. KreditsicherungsR, Rn. 307). **Denn dann geht gem. §§ 401, 1250 I das diese Forderung sichernde Pfandrecht mit der Forderung auf den SG über,** so dass dieser eine Sicherheit für seinen Rückgriffsanspruch erlangt.

Sollte der SN zu einem solchen Forderungskauf nicht freiwillig bereit sein, so wird man aus der Sicherungsabrede - falls dies nicht sogar ausdrücklich geregelt sein sollte - im Wege der **ergänzenden Auslegung gem. § 157** einen solchen **Anspruch** herleiten können.

hemmer-Methode: Beachten Sie: Hiermit wird wieder das gleiche Ergebnis erzielt, wie bei dem Pfandrecht aufgrund der ausdrücklichen Regelung des § 1225. Das ist ein weiteres Argument dafür, dass diese Konstruktion am ehesten die Interessen der Parteien trifft.

§ 1006

A und B streiten sich darüber, wem das Eigentum an einer Goldkette zusteht.

Fall 1: Fest steht nur, dass ursprünglich A, später und auch jetzt noch B Besitzer war.

Fall 2: Fest steht, dass ursprünglich A, später und auch jetzt noch B Besitzer wurde. B hatte den Besitz jedoch ursprünglich als Fremdbesitzer aufgrund eines Mietvertrages übernommen.

Fall 3: Wie in Fall 1, jedoch kann A beweisen, dass ihm die Goldkette von irgendwem gestohlen wurde.

Von wessen Eigentum wird das Gericht in einem Prozess ausgehen, wenn sich weiter nichts beweisen lässt?

Fall 1:

Von keinem der beiden ist hier das Eigentum erwiesen. Für solche Sachverhalte hat der Gesetzgeber einige Fälle in **§ 1006** typisierend so geregelt, dass **bei Unerweislichkeit bestimmte, widerlegbare Vermutungen** gelten. Diese gelten gem. § 292 ZPO auch für das Prozessrecht.

Zunächst könnte man denken, dass der A als früherer Besitzer gem. § 1006 II als Eigentümer vermutet wird. Allerdings gilt diese Vermutung nur für die Zeit seines Besitzes. Diesen hat er inzwischen nicht mehr, so **dass gem. § 1006 I S. 1 „das Eigentum" des B vermutet wird. Diese Vermutung beruht auf der Annahme, dass der B bei Besitzerlangung Eigenbesitz begründet hat, gleichzeitig Eigentum erwarb und dieses nicht wieder verloren hat** (vgl. SachenR I, Rn. 124 ff.).

Fall 2:

In diesem Fall spricht zunächst § 1006 I S. 1 bei wörtlicher Betrachtung wiederum dafür, dass das Gericht den B als Eigentümer ansehen wird, da sein Eigentum nach dieser Vorschrift vermutet wird. **Hier zeigt sich jedoch, dass die gesetzliche Formulierung des § 1006 I S. 1 ungenau ist. Es wird nicht das Eigentum des Besitzers vermutet. Vielmehr baut die Vermutung auf das Zusammentreffen von Erwerb des Eigenbesitz und Eigentum auf (s.o. Fall 1). Ist jedoch auch nur eine dieser Annahmen widerlegt, so greift § 1006 nicht mehr ein**. **So war es vorliegend, da B unbestritten bei Besitzererlangung nur Fremdbesitz begründet hat**. Daher gilt die Vermutung nicht zu seinen Gunsten. Hier wird das Gericht daher aufgrund § 1006 II i.V.m. der allgemeinen Kontinuitätsvermutung von dem Eigentum des A ausgehen und entsprechend urteilen.

Fall 3:

Auch in diesem Fall, wird das Gericht von dem **Eigentum des A** ausgehen, denn die **Vermutung des § 1006 II** spricht für ihn. **Dagegen greift die vorrangige Vermutung des § 1006 I S. 1 gem. S. 2 nicht ein, da A beweisen konnte, dass ihm die Sache gestohlen wurde**.

hemmer-Methode: Beachten Sie, § 1006 gilt nicht bei § 952, da in diesen Fällen eine Eigentumsübertragung auch ohne Besitzübergang möglich ist, so dass die Vermutungswirkung hier keine Berechtigung hat.

Stichwortverzeichnis

A

Abhandenkommen .... 15, 16, 36, 42 f.
Abhängigkeitsverhältnis, soziales 15
Ablösungsrecht 96
Abstraktionsprinzip 1
Abtretung, Herausgabeanspruch 31
Akzessorietät .... 68 ff., 87 f.
Alleinbesitz 10
Aneignung .... 45, 52 f.
Aneignungstheorie 51
Anfechtbarkeit .... 22.f.
Anfechtbarkeit, Einrede 72
Anwartschaftsrecht 69, 78.ff., 91
Anwartschaftsrecht, Entstehung 78
Anwartschaftsrecht, Erlöschen .... 81 f.
Anwartschaftsrecht, gutgläubiger Erwerb 79
Anwartschaftsrecht, Übertragung 78
Aufhebung 2
Aufwendungen 7

B

Bedingung .... 22 ff.
Bedingung, auflösende 91
Bedingungsveränderung, nachträgliche 82
Bedingungsvereitelung, arglistige 82
Befriedigung, vorzugsweise 94
Belastung 2
Besitz 26, 56, 68
  mittelbarer 10, 13, 31
    Beendigung 12

Erwerb 14
gestufter 27
mehrstufiger 13
rechtmäßiger 10
unmittelbarer 10
Beendigung 12
unrechtmäßiger 10
Besitzaufgabe 37
Besitzaufgabewille 12
Besitzdiener 15, 26, 36, 60
Besitzer
deliktischer 62, 64
gutgläubiger 64
nicht-mehr-berechtigter 59
nicht-so-berechtigter 59
rechtsgrundloser 64
redlicher 62
unentgeltlicher 64
unredlicher 62, 66
unverklagter 65
verklagter 62
Besitzerwerb 15
derivativer 14
originärer 14
Besitzkehr 18
Besitzkonstitut 60
Besitzmittler 13, 27
Besitzmittlungsverhältnis 13
Besitzmittlungswille 13
Änderung des 12
Besitzrecht
abgeleitetes 57
eigenes 57
Besitzschutz .... 19 f., 83
bereicherungsrechtlicher 19
deliktischer 19

petitorischer 18
quasi-negatorischer 19
Besitzsurrogat 27
Besitzverschaffungsmacht.............. 37, 40
Besitzwehr 18
Besitzwille 8, 11
Bestandteil 51
wesentlicher 5, 48, 54
Bestimmtheitsgrundsatz............. 1, 22, 87
Beweislast... 35
Bösgläubigkeit 18, 45, 60
brevi manu traditio 29

D

Deliktsschutz, Anwartschaftsrecht......... 83
Dereliktion .... 52 f.
Drittwiderspruchsklage 6
Drohung 36
Durchlieferung 28

E

Eigenbesitz 10, 47
Eigenbesitzer 59
Eigenmacht, verbotene .... 16, 18 f.
Eigentum.................................... 56, 97
Eigentümer-Besitzer-Verhältnis .... 8, 58 ff.
Voraussetzungen 55
Zweck 55
Eigentumserwerb.......................... 33, 51
kraft Gesetzes 49, 53
Eigentumsfähigkeit 4
Eigentumsvermutung........................... 97
Einigung... 21

antizipierte 88
dingliche 24
Einreden 73, 95
Einrede der Anfechtbarkeit 73
Einwendung 57
Erbenbesitz 16, 43, 60
Erbschein 43
Erhaltungsfunktion 9
Erinnerung 6
Ermächtigung 25, 40
Ersitzung 46, 47
Erwerb, lastenfreier 42
Erzeugnisse 51

F

Finder 53
Forderungskauf 96
Fräsmaschinen-Fall 44
Freigabeklausel 89
Fremdbesitz 10
Früchte 7
Fund 46, 53

G

Gebrauchsvorteile 7
Gebrauchtwagen 45
Geheißerwerb 28, 39
gutgläubiger 37
Geldwertvindikation 56
Gemischte Theorie 76
Geschäftsfähigkeit 22
Geschäftsführung ohne Auftrag 61

Stichwortverzeichnis

Gesetzlicher
Eigentumserwerb........... 46, 47, 48, 54
Gesetzliches Pfandrecht...................... 75
gestufter mittelbarer Besitz 27
Grundschuld 69
guter Glaube 34, 45
gutgläubiger Erwerb............ 37, 39, 75, 87
gutgläubig lastenfreier Erwerb 80
Gutgläubigkeit...................................... 35
Zeitpunkt 37

H

Haftungsverband............................. 6, 84
Hemdenfall... 39
Herausgabeanspruch ... 56, 57, 83, 86, 97
Abtretung 31
Herstellerklausel 50
Hin- und Herübereignung 38
Hypothek.. 69

I

Inhaltsveränderung 2

K

Knebelungsvertrag................................ 89
Konkurrenzen 58, 61

L

Luxusverwendung................................. 67

M

Minderjähriger...................................... 60
Mitbesitz.. 10, 33

Mittelbarer Besitz 10, 13, 31

N

Nebenbesitz 44
Nichtberechtigter, Rückerwerb 38
Nicht-mehr-berechtigter Besitzer 59
Nicht-so-berechtigter Besitzer 59
Nichtvalutierung 90
numerus clausus 1
Nutzungen 7
Nutzungsersatz .... 55, 64 f., 72

O

öffentlich-rechtliche Theorie 76
Organbesitz 17, 36
originärer Besitzerwerb 14

P

petitorischer Besitzschutz 19
Pfandrecht .... 68, 70 ff., 84, 95
  an Rechten 69
  gutgl. Zweiterwerb 70
Pfändungspfandrecht 76
possessorische Ansprüche 18
Prioritätsprinzip 93
privatrechtliche Theorie 76
Prozessbesitzer 60
Publizitätsfunktion 9
Publizitätsprinzip .... 1, 29 f.

R

Realakt 52
Recht, absolutes 1

rechtsgeschäftliches Handeln 32
Rechtspfändung 85
Rechtsscheinsträger .... 34, 37, 39 f.
Rückgriff 74, 96

S

Sache
bewegliche 3, 21
herrenlose 52
teilbare 3
unbewegliche 21
verbrauchbare 3, 4
vertretbare 3, 4
Sachenrecht 1
Sachgesamtheit 3
Sachherrschaft, tatsächliche 8
Sachpfändung 85

Schadensersatz .... 55, 62 f., 72
Scheinbestandteil 5
Scheingeheiß 39
Schenkung 33
Schuldrecht 58
Schutzfunktion 9
Sicherungsabrede 88
Nichtigkeit 90
Sicherungseigentum 94
Sicherungsübereignung . 30, 38, 68, 78, 87 ff.
Sicherungsvertrag 73, 88
Sittenwidrigkeit 89
Sonderrechtsfähigkeit 5
Sperrwirkung 61
Stellvertretung 32
Surrogation, dingliche 46

Stichwortverzeichnis

T

tatsächliche Sachherrschaft 8
Täuschung 36
Teilbesitz 10
Theorie der Doppelpfändung 85
Trennbarkeit 49
Treu und Glauben 58

U

Übereignung .... 22 ff., 31, 41, 42
Übergabe .... 21, 26 ff., 33, 68
Übergabe kurzer Hand 29
Übergabesurrogate .... 21, 30 f.
Übermaßfrüchte 49
Übertragung 2, 70
Übertragungstheorie 51
Universalsukzession 46
Unkenntnis, grob fahrlässige 35

V

Verarbeitung 49, 54
Verarbeitungsklausel 50
Veräußerung 61
Verbindung 46, 48, 54
verbotene Eigenmacht .... 16, 18 f.
Verbrauch 61
Verfügung 2
Verfügungsbefugnis 40
Verfügungsberechtigung 25, 34
Verfügungsverbote
absolute 41

relative 41
Verjährung 73, 86
Verkehrsgeschäft 34
Vermieterpfandrecht........................... 93
Vermischung 46, 49
Vertrag, dinglicher 32
Verwendungen 8
notwendige 67
nützliche 8, 66
enger/weiter 8
Verwendungsersatz 55, 67
Vindikationslage .... 55 ff.
Vor- und Nacherbschaft 16
Vorbehaltskauf 86
Vorenthaltungsschaden 63
vorzugsweise Befriedigung 94

W

Wandlung 38
Wegnahmerecht 66
wesensgleiches minus 77
wesentlicher Bestandteil 5, 48, 54
Widerruflichkeit 24
Willenserklärung 52

Z

Zubehör 6
Zwangsvollstreckung 46, 76, 85, 94
Zwischenverfügung 80